신방수 세무사의

가족법인 이렇게 운영하라

가족법인 제대로 운영하지 않으면 날벼락 맞는다!

신방수 세무사의

가족법인 이렇게 운영하라

신방수 지음

매일경제신문사

머리말

가족법인은 가족을 중심으로 운영되는 회사를 말한다. 가족 중심으로 운영을 하다 보니 의사결정 속도가 빠르고, 세 부담을 줄일 수 있는 장점이 있다. 이에 따라 부동산업부터 서비스업에 이르기까지 가족법인에 관심을 가지는 경우가 점점 많아지고 있다. 하지만 소유와 경영이 분리되지 않다 보니 예상치 않은 문제점들이 발생하는 경우가 많아 세무관리에 비상등이 켜지고 있다. 예를 들어 회사의 돈을 마음대로 사용하면 그에 대한 벌칙으로 법인세와 소득세 등이 과세되기도 하고, 어느 날 느닷없이 세무조사를 당해서 이런저런 고초를 당하기도 한다. 법률상 개인과 법인은 엄격히 구분됨에도 불구하고, 마치 법인을 개인처럼 대하는 태도에서 비롯된 일들이다. 따라서 이제부터라도 아무리 조그마한 법인이라도 상법이나 세법 등에서 규정하고 있는 원칙(Rule)에 따라 경영을 해야만 이러한 위험들을 예방할 수 있다.

이 책은 이러한 배경하에 가족법인이 알아야 할 법률 및 세무 등에 관한 내용을 체계적으로 전달하기 위해 집필되었다. 그렇다면 이 책의 장점은 무엇일까?

첫째, 가족법인의 운영에 필요한 세무문제를 모두 다루었다.

이 책은 총 7장으로 구성되었다. 제1장은 가족법인이 개인사업에 비해 어떤 점이 우월한지 등을 분석했다. 이를 통해 자신에게 맞는 사업형태를 찾을 수 있을 것으로 기대한다. 제2장은 가족법인의 설립을 둘러싼 다양한 쟁점들을 다루고 있다. 가족법인의 경우 이사의 수가 중요한데 2인 이하로 했을 때의 이점을 중점적으로 다루었다. 제3장부터 제7장까지는 가족법인을 운영할 때 발생할 수 있는 제반 세무회계상의 쟁점들을 분석했다. 특히 제4장에서는 임원 보수부터 소소한 비용까지 이에 대한 처리방법을 다루었다.

- 제1장 가족법인의 실익분석
- 제2장 가족법인을 제대로 설립하는 방법
- 제3장 가족법인의 자금 운용법
- 제4장 가족법인의 비용 처리법
- 제5장 가족법인의 법인세 절세법
- 제6장 가족법인의 배당금 처리법
- 제7장 가족법인과 상속·증여

둘째, 실전에 필요한 다양한 사례를 들어 문제해결을 쉽게 하도록 했다.

모름지기 책은 정보를 단순하게 나열하는 것보다는 입체적으로 전달하는 것이 훨씬 값어치가 있을 것이다. 이러한 관점에 따라 이 책은 기본적인 내용은 물론이고, 실전에 필요한 사례를 최대한 발굴해 이해의 깊이를 더할 수 있도록 노력을 많이 했다. 저자가 현장에서 문제를 어떻게 해결하는지를 지켜보는 것만으로도 이와 유사한 세무문제를 손쉽게 해결할 수 있을 것으로 기대한다. 이 외 실무적으로 더 알아두면 유용할 정보들은 Tip이나 심층분석으로 따로 정리해 정보의 가치를 더했다. 또한, 곳곳에 요약된 핵심정보를 제공해 실무적용 시 적응력을 높일 수 있도록 노력했다.

셋째, 가족법인에 특화된 최신의 정보를 모두 다루었다.

현행의 세제는 대부분 일반기업을 대상으로 하다 보니 이를 가족법인에 그대로 적용하는 것이 불합리한 경우가 많다. 예를 들어 이사의 수가 2명 이하이면 이사회를 구성할 수 없고, 각 이사가 이사회 역할을 한다. 그런데 세법의 경우 이에 대한 특별한 언급이 없어, 각 이사가 결정한 것들이 한순간에 부인당할 가능성이 있는 것이 현실이다. 모든 법인에 대해 똑같은 잣대를 적용하다 보니 나타난 현상이다. 따라서 가족법인들은 그들의 특성에 맞게 내부관리를 제대로 할 필요가 있다. 이 책에서는 이들에게 중요성이 있는 자금 운용법, 임원의 보수 책정법, 배당금 처리법, 상속·증여 등과 관련된 최신의 정보를 제공해서 세무상 쟁점을 최소화하기 위해 노력했다.

이 책은 소유와 경영이 분리되지 않은 가족법인의 세무에 관심이 있는 분들을 위해 최대한 쉽게 쓰도록 노력했다. 다만, 독자에 따라서는 일부 내용에 대해 이해하기 힘들 수 있는데, 이때에는 저자가 운영하는 네이버 카페(신방수세무아카데미)를 통해 궁금증을 해소하기 바란다. 이곳에서는 실시간 세무상담은 물론이고 최신의 세무정보, 회사를 운영하는 데 필요한 서식 그리고 세금계산기 등도 장착되어 있어 활용도가 높을 것이다.

이 책은 많은 분의 응원과 도움을 받았다. 우선 이 책의 내용에 대한 오류 및 개선 방향 등을 지적해주신 이지예 세무사님과 스타리치의 이청규 위원님께 감사의 말씀을 드린다. 이분들의 앞날에 무궁한 발전이 있기를 기원한다. 그리고 항상 저자를 응원해주신 카페 회원들과 가족의 안녕을 위해 늘 기도하는 아내 배순자, 대학생으로 본업에 충실히 임하고 있는 두 딸 하영이와 주영이에게도 감사의 말을 전한다.

아무쪼록 이 책이 가족법인의 세무에 대해 능통하고 싶은 분들에게 작은 도움이라도 되었으면 한다.

독자들의 건승을 기원한다.

역삼동 사무실에서

세무사 **신방수**

차례

제 2 장 가족법인을 제대로 설립하는 방법

제 3 장 가족법인의 자금 운용법

제 4 장 가족법인의 비용 처리법

제 5 장 가족법인의 법인세 절세법

제 1 장

가족법인의 실익분석

01

가족법인이 정답인가?

최근 제조업이나 부동산업, 서비스업 등 모든 사업을 진행하면서 법인을 선호하는 추세가 많아지고, 가족법인도 늘고 있다. 이것은 무엇보다도 개인사업을 하다 보면 세율이 최고 45%(지방소득세 포함 시 49.5%)까지 이르고, 여기에 준조세인 건강보험료 등을 합하면 소득의 50% 이상을 세금으로 내야 할 수도 있기 때문이다. 하지만 무턱대고 가족법인을 만들면 실익이 없는 경우도 많아 주의를 해야 한다. 그 이유를 몇 가지로 정리해보자.

첫째, 개인도 장점이 많기 때문이다.

개인도 사업형태 중 하나고, 실제 많은 사람이 법인보다 개인형태를 유지하고 있다. 이들이 법인을 선택하지 않고, 개인을 유지하는 이유가 분명히 따로 있을 것이다. 그중 하나는 현재의 세금 수준을 견딜 만하므로 법인의 필요성을 느끼지 못한 것이 아닐까 싶다.

※ 개인사업자와 법인사업자의 수(2021년 기준)

개인사업자	법인사업자	계
802만 개	118만 개	920만 개

출처 : 통계청

둘째, 법인은 설립부터 청산까지 각종 규제가 있기 때문이다.

법인은 사람이 아니므로 스스로 업무집행을 할 수 없다. 그래서 법인의 설립부터 청산까지 각종 법률이 다양하게 작동하고 있다. 물론 세법도 개인보다 강화된 형태로 존재하고 있다. 이런 특징으로 인해 예기치 못한 리스크들이 발생하고, 이를 방어하기 위해 비용이 추가로 지출되는 경우가 많다.

셋째, 대표이사의 책임이 부각되기 때문이다.

개인사업의 경우 사업에서 발생한 책임은 개인사업자가 이를 부담하면 된다. 하지만 법인은 책임 주체가 모호해지는 경우가 많다. 그래서 상법이나 세법 등에서는 대표이사를 중심으로 다양한 책임을 부담하도록 하고 있다. 예를 들어 법인소득의 귀속이 불분명하면 이를 대표이사의 상여로 봐서 소득세를 부과한다.

▶ 앞서 살펴본 것처럼 가족법인이 늘 정답이 될 수는 없다. 각자의 처한 상황이 다르기 때문이다. 따라서 독자들은 이런 관점에서 다음 내용을 잘 살펴보기 바란다.

02

개인사업의 장점과 단점

사업의 운영주체는 개인 또는 법인이 될 수 있다. 이런 형태 중 어떤 것을 선택하느냐의 결정은 현실적으로 좀 어려운 부분이 있다. 각자 장점과 단점이 있기 때문이다. 그래서 사업을 준비하고 있는 경우는 이들에 대한 장점과 단점을 정확히 파악하고, 본인에게 맞는 사업의 형태를 결정하는 것이 좋을 것으로 보인다. 다음에서는 개인사업의 장점과 단점부터 살펴보자.

1. 개인사업의 장점

개인사업의 경우 다음과 같이 장점을 정리할 수 있다.

첫째, 사업절차가 간단하다.

개인은 관할 세무서에 '사업자등록'을 함으로써 바로 사업을 시작할 수 있다. 또한, 사업을 그만두고 싶으면 언제든지 폐업신고를 하면 된다. 한편 개인은 사업주가 사업에 관한 책임을 지기 때문에 혼자만의 판단으로 사업에 관한 의사결정을 신속히 할 수 있다는 장점이 있다.

둘째, 세후 이익에 대한 처분이 자유롭다.

개인은 세전 이익에 6~45%(지방소득세 10% 별도)만 부담하면 그만이다. 따라서 세후 이익에 대해서는 추가로 세금이 발생하지 않는다.

셋째, 법률이나 세법상의 규제가 심하지 않다.

개인사업자는 법인과는 달리 법률이나 세법 등의 규제가 심하지 않다. 예를 들어 상법에서 정하고 있는 주식회사 관련 규제나 외부감사제도 등이 적용되지 않는다. 한편 개인은 국세청에 등록된 '사업용 계좌'를 통해 입금과 출금을 하는 것이 원칙이나, 이 계좌를 통해 생활비를 인출해도 세법상 아무런 문제가 없다.

2. 개인사업의 단점

개인사업의 경우 다음과 같은 단점이 지적된다.

첫째, 사업의 영속성이 불투명하다.

1인 위주의 조직으로 운영되다 보니, 장래가 불투명한 경우가 많다. 1인이 사업을 접으면 그날부터 사업이 없어지기 때문이다.

둘째, 소득세가 최고 45%까지 나올 수 있다.

개인의 경우 6~45% 중 최고 45%(지방소득세 포함 시 49.5%)가 되고, 이에 건강보험료 등이 추가되면 50% 이상의 조세 유출이 발생한다. 이런 과도한 세금은 개인사업의 가장 큰 단점으로 지적된다.

▶ 이 외에도 4대보험료가 통제 불가능한 변수가 되거나 비용 처리에서 한계가 있는 것도 단점이 된다.

셋째, 매출이 많으면 성실신고확인제도가 적용된다.

업종별로 1년간의 수입금액이 15억 원, 7.5억 원, 5억 원 이상일 때 세무대리인에게 수입과 비용을 검증하게 하는 성실신고확인제도가 적용된다. 이 외에도 매출액이 수준에 따라 장부작성의무나 기타 업무용 승용차 등에서도 규제가 강화된다.

▶ 법인에도 성실신고확인제도가 적용된다. 개인과 법인을 비교하면 다음과 같다.

구분	개인	법인
개념	장부기장 내용의 정확성 여부를 세무사 등에게 확인받은 후 신고하게 함으로써 개인사업자와 법인의 성실한 신고를 유도하기 위해 도입	
적용 대상	업종별로 매출액이 15억 원, 7.5억 원, 5억 원 이상인 경우	주업이 부동산 임대업이거나 성실신고확인대상 개인사업자가 법인전환 후 3년간 적용
책임	• 개인과 법인 : 가산세(5%), 세무조사 등 • 세무대리인 : 징계	

03

법인사업의 장점과 단점

사업을 법인형태로 했을 때, 장점과 단점은 무엇이 있을까? 앞의 개인사업에서 살펴본 항목들을 위주로 살펴보자.

1. 법인사업의 장점

법인사업의 경우 다음과 같이 장점이 정리된다.

첫째, 사업의 영속성이 강하다.

주주총회와 이사회 등이 존속하고 내부관리가 촘촘해 조직화된 체계로 사업을 진행하다 보니 개인보다 사업구조가 견고하다. 그 결과 개인보다 신뢰도가 상승하는 한편 사업의 영속성이 길어지는 장점이 생긴다.

둘째, 법인세가 최대 24%까지 나올 수 있다.

법인세율은 9~24%로 이론상 최고 24%(지방소득세 포함 시 26.4%)까지 나올 수 있다. 앞의 개인에 비해 절반 이상 세금이 줄어들 가능성이 크다(잉여금은 계속 유보할 수 있음).

※ 개인과 법인의 세율체계 비교

<table>
<tr><th>과세표준</th><th>소득세율</th><th>법인세율</th></tr>
<tr><td>1,400만 원 이하</td><td>6%</td><td rowspan="5">9%</td></tr>
<tr><td>5,000만 원 이하</td><td>15%</td></tr>
<tr><td>8,800만 원 이하</td><td>24%</td></tr>
<tr><td>1.5억 원 이하</td><td>35%</td></tr>
<tr><td>2억 원 이하</td><td rowspan="2">38%</td></tr>
<tr><td>3억 원 이하</td><td rowspan="4">19%</td></tr>
<tr><td>5억 원 이하</td><td>40%</td></tr>
<tr><td>10억 원 이하</td><td>42%</td></tr>
<tr><td>200억 원 이하</td><td rowspan="3">45%</td></tr>
<tr><td>3,000억 원 이하</td><td>21%</td></tr>
<tr><td>3,000억 원 초과</td><td>24%</td></tr>
</table>

셋째, 주식(지분)을 수단 삼아 대물림을 자유롭게 할 수 있다.

법인의 가치는 모두 주식으로 평가할 수 있다. 따라서 언제든지 조직화된 법인 자체를 자녀 등에게 이전할 수 있다.

▶ 이 외에도 자본거래, 4대보험, 경비처리 등에서도 법인의 장점이 있다.

2. 법인사업의 단점

법인사업의 단점은 다음과 같은 것들이 있다.

첫째, 사업절차가 복잡하다.

개인은 사업절차가 단순하지만, 법인은 상법에서 정하고 있는 절차에 따라 설립등기를 해야 하며, 법인청산 시 청산등기를 해야 한다. 한편 사업에 관한 중요한 의사결정은 주주총회와 이사회에서 해야 한다. 따라서 이런 절차를 지키지 않으면 상법이나 세법 등에서 다양한 잣대를 적용함에 따라 관리비용이 증가하기도 한다.

▶ 가족법인은 이사가 2인 이내로 꾸려지는 경우가 많아 이사회 대신 각 이사가 중요한 의사결정을 하는 경우가 대부분이다. 뒤에서 자세히 살펴보자.

둘째, 세후 이익에 대한 처분이 자유롭지 못하다.

개인은 세전 이익에 6~45%(지방소득세 10% 별도)만 부담하면 세후 이익에 대해서는 추가로 세금이 발생하지 않는다. 하지만 법인은 매년 법인세를 내는 동시에 세후 이익에 대해서는 배당소득세, 그리고 청산 시에는 청산법인세(주주는 배당소득세) 문제가 발생한다.

※ 개인과 법인의 세제 비교

구분	개인	법인	비고
사업소득	6~45%	9~24%	
배당소득	-	14%	무배당 시 이연 가능
청산소득	-	9~24%	계속기업 가정 시 발생하지 않음.

셋째, 법률이나 세법상의 규제가 심하다.

법인은 개인사업자와는 달리 법률이나 세법 등의 규제가 심하다. 주주나 채권자 등 다수를 보호해야 하기 때문이다. 이에 따라 상법이나 세법에서 정하고 있는 회사 관련 다양한 규제나 그 밖에 외부감사제도 등의 규제가 작동된다. 이런 제도에 따라 법인의 자금을 대표이사 등이 가져다 쓰면 상법, 형법, 세법 등 각종 법률이 동시에 적용된다.

Tip 개인과 법인사업의 장단점 요약

구분	개인	법인
장점	• 사업절차가 간단 • 세후 이익처분이 자유로움. • 법률 규제가 덜 심함.	• 사업의 영속성이 강함. • 낮은 법인세율 • 사업의 대물림이 비교적 쉬움.
단점	• 사업의 영속성이 약함. • 높은 소득세율 • 성실신고확인제도의 적용	• 사업절차가 복잡 • 세후 이익에 대한 세금부과 • 법률상의 규제 강도가 셈.

04

창업 시 개인과 법인의 선택요령

앞서 살펴본 내용을 통해 사업의 형태가 무조건 개인이 좋다거나 법인이 좋다고 단정 지을 수 없음을 알 수 있었을 것이다. 서로 장단점이 있기 때문이다. 따라서 이 책의 독자들은 무조건 한 편에 치우치지 않기를 바란다. 다음에서는 창업 시 개인과 법인의 선택요령에 대해 살펴보자.

1. 개인으로 하면 좋을 상황들

다음과 같은 상황이 발생하면 개인으로 사업을 시작하는 것이 좋을 것으로 보인다. 물론 향후 매출이 일정 궤도 수준으로 올라서거나, 세 부담이 큰 경우는 법인으로 사업체제를 전환할 수도 있을 것이다.

첫째, 세 부담이 얼마 되지 않은 경우다.

이 경우는 굳이 법인을 선택할 이유가 없다. 법인의 장점을 살릴 수 없을뿐더러 절차가 복잡해지고 관리비용만 증가하기 때문이다.

※ 개인과 법인의 관리비용의 차이

구분	개인	법인	비고
장부작성	간편장부, 복식장부	복식장부	
주식변동상황신고	없음.	있음.	위반 시 가산세 1% 등
대표이사 보수 한도	해당 사항 없음.	있음.	위반 시 법인세와 소득세 추징

둘째, 자금 사용에 대한 규제를 받고 싶지 않은 경우다.

개인사업은 사업용 계좌를 사용하더라도 그 계좌에서 생활비 등을 마음대로 인출할 수 있다. 하지만 법인은 그렇지 않다. 법인 계좌에서 인출하는 것은 근거가 있어야 하기 때문이다.

※ 개인과 법인의 자금 사용에 대한 차이

구분	개인	법인
계좌 종류	사업용 계좌[1]	법인 계좌
생활비 인출	가능	불가
무단 인출 시 법적인 제재	없음.	가지급금, 횡령 등

셋째, 사업체를 물려줄 이유가 없는 경우다.

법인으로 사업을 하는 이유 중 하나는 사업을 한껏 키워 이를 자녀

1) 사업용 계좌란 통상 개인사업자 중 매출액이 일정액 이상 되는 복식부기 의무자 등이 세무서에 신고한 통장 계좌를 말한다. 이들은 이 계좌를 통해 수입금액을 받고 인건비 등을 지출해야 한다. 이를 어긴 경우 가산세가 있다. 이에 반해 법인은 개인과 같은 가산세를 부과하지 않고 있다. 법인은 법인 계좌로 입출금을 하지 않으면 사후 검증이나 세무조사 등에 의해 그 사실이 쉽게 적발될 가능성이 높기 때문에 이런 제도를 두고 있지 않다. 참고로 매출액이 3억 원 이하인 법인에 대해서는 세무조사가 면제된다.

등에게 승계시켜 주기 위해서다. 하지만 사업의 규모나 내용으로 보건대 승계가 필요 없는 경우는 굳이 법인으로 할 이유가 없다.

⊙ 법인으로 사업을 하면 불필요한 규제가 많다. 따라서 법인의 장점이 뚜렷하지 않은 이상 개인으로 사업하는 것이 좋다.

2. 법인으로 사업하면 좋을 상황들

법인으로 사업을 하면 좋을 상황을 세 가지 유형으로 요약하면 다음과 같다. 물론 이 외에도 보는 각도에 따라 더 나은 상황이 있을 수 있다.

첫째, 소득세가 많은 경우다.

법인을 선호하는 이유 중 가장 큰 것은 바로 법인세가 소득세보다 저렴한 것이 아닌가 싶다. 법인세의 경우 9~24% 정도가 부과되지만, 개인소득세는 6~45%까지 부과되어 2배 이상 차이가 나기 때문이다. 물론 법인은 2차적으로 배당을 할 때 배당소득세가 추가되지만, 이를 감안하더라도 세율 차이는 무시할 수 없을 것이다.

⊙ 특히 연예인이나 유튜버, 고소득 강사나 보험설계사, 컨설턴트 등 고액의 프리랜서들은 높은 소득세율이 적용되어 법인의 필요성이 더 커진다.

둘째, 비용 처리의 폭을 넓히고 싶은 경우다.

개인사업의 경우 대표자의 인건비를 비용으로 처리하지 못하는 한편 일상적인 지출이 가사비용으로 판정받을 가능성이 높다. 또한, 대출에 대한 이자 비용이 사업과 관련성이 있는지 여부를 두고 쟁점이 발생할 수 있다. 하지만 법인의 경우 대표이사의 급여가 인정되는 한편, 대부분 사업과 관련성 있는 지출에 해당하는 경우가 많아 비용 처리가 쉬운 측면이 있다.

셋째, 사업체를 안정적으로 대물림하고 싶은 경우다.

개인은 영속성이 약하기 때문에 사업체를 체계적으로 인수하기가 힘든 측면이 있다. 이에 반해 법인은 단일화된 조직체로 되어 있고 그 상태에서 주식을 인수하면 바로 경영권이 확보되므로, 대물림이 비교적 쉽게 이루어진다.

▶ 이상의 내용을 보면 주로 사업형태를 선택하는 기준은 '세금의 크기'가 주가 된다. 이 외의 요소들은 부수적인 기준이 된다.

3. 적용 사례

사례를 통해 앞의 내용을 확인해보자.

자료 ●●●

강기풍 사장은 현재 40대 중반의 나이로 현재 나름 잘나가는 개인사업체를 운영하고 있다. 그의 업종은 서비스업으로 올해의 실적은 다음과 같이 예상된다. 물음에 답해보자.

- 매출 : 24억 원(월평균 2억 원 선)
- 비용 : 18억 원(월평균 1억 5,000만 원 선)

Q 올해 소득세는 얼마나 예상되는가? 단, 자료 외는 무시한다.

개인들의 경우 과세표준에 6~45%(지방소득세 포함 시 6.6~49.5%)가 적용된다. 따라서 당기순이익 6억 원에 대해 세율을 곱하면 예상되는 소득세는 다음과 같다.

- 산출세액 : 6억 원×42%-3,594만 원(누진공제)=2억 1,606만 원(지방소득세 포함 시 2억 376만 원)

Q 만일 이 사업을 법인으로 운영한 경우라면 법인세는 얼마나 예상되는가?

법인의 경우는 과세표준에 9~24%(지방소득세 포함 시 9.9~26.4%)의 세율이 적용된다. 따라서 당기순이익 6억 원에 대해 세율을 곱하면 예상되는 법인세는 다음과 같다.

- 산출세액 : 6억 원×19%-2,000만 원(누진공제)=9,400만 원(지방소득세 포함 시 1억 340만 원)

개인보다 1억 원 정도 법인이 저렴하다.

Q 만일 대표자의 인건비를 1억 원 추가하면 개인과 법인의 세금은 얼마나 달라지는가?

개인은 대표자의 인건비는 비용으로 인정되지 않으므로 세금 크기에는 변동이 없으나, 법인의 경우는 1,900만 원(1억 원×19%) 정도가 줄어든다.

Q 앞의 결과들을 보면 매년 벌어들인 이익에 대해서는 개인보다 법인이 세금이 낮다. 그 이유는 무엇인가?

우리나라에서 기업의 형태는 대부분 주식회사, 즉 법인의 형태를 띠고 있다. 이들 기업은 주로 외국의 기업들과 경쟁을 하게 되는데 이들에 대해 세율을 높이면 경쟁력이 떨어지기 때문이다.

Q 이 외에 고려해야 할 개인과 법인의 세금이 있는가?

개인은 종합소득세만 내면 그만이지만, 법인은 세후 잉여금을 주주들에게 배당 시 배당소득세(14%), 그리고 청산 시 청산소득에 대한 법인세의 문제가 있다.

Tip 이익 규모별 소득세와 법인세 시뮬레이션(지방소득세 별도)

구분		개인	법인
각 사업연도	1억 원	1,956만 원	900만 원
	2억 원	5,606만 원	1,800만 원
	5억 원	1억 7,406만 원	7,500만 원
	10억 원	3억 8,406만 원	1억 7,000만 원
배당소득		-	14%~
청산소득		-	9~24%

▶ 일반적으로 프리랜서 직업군(연예인, 유튜버, 보험설계사 등)은 비용이 별로 없어 앞과 같이 이익이 많아지면 세금이 상당히 많다. 따라서 이런 직군일수록 법인의 필요성이 제기된다.

05

개인사업 중 법인전환의 결정

앞서 살펴봤듯이 개인과 법인의 장단점이 구분된 경우라도 매출 등을 자신할 수 없을 때는 대부분 개인으로 사업을 시작한 경우가 많다. 그리고 이후 매출 증가에 따라 세 부담이 커지는 경우는 법인의 필요성이 커진다. 법인의 장점이 도드라져 보이기 때문이다. 그렇다면 개인사업 중에 법인을 어떤 식으로 운영할 수 있을까? 다음에서 이에 대해 알아보자.

1. 개인사업 중 법인전환의 유형

1) 재고자산이나 부동산이 없는 경우

재고자산이나 부동산이 없는 경우는 언제라도 법인을 설립해 법인으로 운영해도 세법상 크게 문제가 없다. 이때 개인기업은 계속 유지해도 되고, 폐업신고를 해도 된다. 폐업신고한 경우 다음과 같이 세금신고를 해야 한다.

• 부가가치세 → 폐업일이 속한 달의 말일로부터 25일 이내에 신고
• 소득세 → 다음 해 5월 중에 소득세 신고

⊙ 차량이나 기타 비품 등은 법인이 개별적으로 인수하면 된다.

2) 재고자산이나 부동산이 있는 경우

재고자산이나 부동산이 있는 경우는 재고자산에 대한 부가가치세와 소득세, 부동산에 대한 양도소득세와 취득세 등을 고려해서 이에 대한 쟁점을 최소화하는 식으로 법인전환을 준비해야 해야 한다.

① 부가가치세 면제

재고자산이나 설비자산 등을 법인에 이전하면 부가가치세가 발생한다. 이때 사업에 관한 모든 권리와 의무(종업원 승계 등 포함)를 포괄적으로 이전하면 부가가치세 없이 거래할 수 있다.

⊙ 다만, 이때에도 재고자산을 소득세 신고 시 총수입금액에 산입한다는 점에 주의해야 한다. 이렇게 되면 소득세가 많아질 수 있다.

② 양도소득세 이월과세와 취득세 감면

개인사업자가 부동산을 법인에 이전하면 양도소득세가, 법인이 소유권을 이전받으면 취득세가 부과된다. 이에 대해 세법은 개인사업체의 순자산(자산-부채)가액 이상의 자본금으로 법인을 설립하면 양도소득세는 개인사업자가 아닌 법인이 내도록 이월과세가 적용되는 한편, 법인의 취득세는 감면을 적용한다(단, 부동산 임대업은 취득세 감면 불허).

2. 적용 사례

사례를 통해 앞의 내용을 확인해보자.

자료

성공한 사장은 서울 자양동에서 개인사업을 하고 있는데 연간 매출은 5억 원가량이 된다. 이 사업체에서는 인건비와 임대료 그리고 수선비 등이 연간 3억 5,000만 원 정도가 발생한다고 하자. 기타 사항은 무시하고 물음에 답해보자.

Q 현재 성 사장의 소득세는 얼마 정도가 될까?

소득세는 소득금액에서 종합소득공제액을 차감한 과세표준에 6~45%를 적용해 산출세액을 계산한다. 이 사례에서는 종합소득공제액이 없다고 가정하면 다음과 같이 간단하게 소득세를 계산할 수 있다.

구분	금액	비고
소득금액	1억 5,000만 원	매출 5억 원-비용 3.5억 원
× 세율	35%	
- 누진공제	1,544만 원	
= 산출세액	3,706만 원	
지방세 포함	4,076만 원	산출세액의 10%만큼 지방소득세(주민세)가 부과됨.

앞에서 소득금액은 개인사업을 하면서 남긴 이윤이라고 할 수 있다. 이 중 25% 이상이 세금으로 빠져나가므로 고소득자들은 기본적으로 납부해야 하는 세금에 대해서도 상당한 고충을 느끼게 된다. 이렇게 사업자들의 세금이 많은 이유는 높은 누진세율(6~45%)이 적용되고, 고소

득자들에 대한 투명성을 강화하는 조치(성실신고확인제도, 현금영수증의무발행제도 등)가 다수 도입되었기 때문이다.

Q 만일 앞의 사업을 법인으로 한 경우라면 법인세는 얼마나 예상되는가?

일반법인은 법인이 벌어들인 소득에 대해 법인세가 9~24%로 과세된다. 여기서 법인세율은 이익이 2억 원까지는 9%가 적용된다. 따라서 사례의 경우 다음과 같이 법인세가 예상된다.

구분	금액	비고
소득금액	1억 5,000만 원	매출 5억 원-비용 3.5억 원
× 세율	9%	
- 누진공제	0원	
= 산출세액	1,350만 원	
지방세 포함	1,485만 원	산출세액의 10%만큼 지방소득세(주민세)가 부과됨.

이렇게 보면 법인으로 운영하는 경우가 개인으로 운영하는 경우에 비해 세금이 2,591만 원이 적게 나온다.

Q 그렇다면 성 사장이 법인으로 운영하는 것이 진짜 세 부담이 훨씬 적을까?

그렇지 않을 수도 있다. 법인의 경우는 개인과는 다르게 법인세를 차감한 후 남은 이익이 법인에 귀속되고 이에 대해 추가적인 세금이 발생하기 때문이다. 즉, 법인에 귀속된 이익을 개인으로 가져오기 위해서는 급여나 배당금 지급 등 추가적인 업무처리를 해야 한다. 이 과정에서 세금이 발생한다. 예를 들어 앞의 이익 1억 5,000만 원 중 1,485만 원을 제외한 1억 3,515만 원이 법인에 남아 있다고 하자. 이를 성 사장이 모두 배당을 받는다고 가정하면, 이때 기본적으로 14%(15.4%) 세율로 원천징수가 된다. 따라서 법인을 통해 내야 할 세금은 대략 다음과 같이 증가하게 된다(단, 금융소득 종합과세 및 청산법인세는 제외).

구분	법인세	배당소득세	계
산출세액	1,485만 원	2,081만 원	3,566만 원

하지만 추가적인 세금을 고려하더라도 앞의 개인보다 법인의 세금이 더 적을 가능성이 높다. 더 나아가 이익을 배당 등으로 유출하지 않으면 법인세만 부담하므로 개인보다 세금을 더 아낄 수 있게 된다. 이 외에도 이익이 많이 날 것으로 예상되면 대표이사의 월급 등으로 비용 처리한다. 그러면 이익이 축소되어 일차적으로 법인세가 줄어들고, 이차적으로 배당소득세 등도 줄어들게 된다. 물론 대표이사의 월급 등에 대해서는 근로소득세와 4대보험료 등이 부과되므로 줄어드는 세금과 늘어나는 세금 등을 비교해서 월급을 정해야 한다.

Q 성 사장은 사업양수도 방식으로 법인전환을 하면 이에 대한 절차는 어떻게 될까?

개인사업을 사업양수도의 방법으로 법인전환하는 경우의 업무절차는 다음과 같다. 참고로 사업양수도에 의한 법인전환은 개인사업체를 법인에 대가(현금)를 받고 양도하는 것을 말한다.

구분	내용
① 법인설립	설립등기
② 사업양수도 계약	• 주주총회 및 이사회 결의 • 양수도가액 결정
③ 법인설립신고와 사업자등록 신청	• 설립등기한 날로부터 2월 이내 설립신고 • 사업개시일로부터 20일 이내에 사업자등록 신청
④ 개인기업의 회계 및 세무처리	• 개인기업 결산 • 폐업신고는 지체 없이 신고 • 전환일이 속하는 달의 말일로부터 25일 이내에 부가가치세 신고
⑤ 명의이전 등 후속조치	• 부동산, 금융기관 예금 및 차입금 명의변경 • 공장명의 변경 등 • 양도소득세 신고·납부, 취득세 신고 등

Q 성 사장이 사업양수도 방법에 따른 법인전환 시 주의해야 할 세무상 쟁점은?

사업양수도에 의해 법인전환 시 다양한 세금 관계가 파생한다. 주요 쟁점을 나열하면 다음과 같다.

① 개인

- 재고자산이 있는 경우 : 자산 이전에 따른 부가가치세 문제가 발생하며, 개인기업 폐업 시 잔존하는 재화는 종합소득세 신고 시 수입금액에 포함되어 과세되는 문제점이 있다.
- 부동산이 있는 경우 : 소유권을 법인에 이전하면 양도소득세 과세 문제가 있다.
- 영업권이 있는 경우 : 최근 3년간 이익이 큰 개인기업은 세법상 영업권이 발생하는데, 이를 누락한 경우 소득세 추징 등의 문제가 발생한다.

② 법인

- 부동산을 취득한 경우 : 취득세 문제가 발생한다.
- 성실신고확인대상 개인사업자가 법인전환 후 3년간 성실신고확인 제도가 적용된다. 여기서 성실신고확인대상 개인사업자는 업종별로 매출액이 15억 원, 7.5억 원, 5억 원 이상인 사업자를 말한다. 개인사업자에 대한 세무관리법은 저자의 신간 《N잡러를 위한 1인 사업자 세무 가이드북》을 참조하기 바란다.

▶ 법인전환은 세무전문가와 함께해야 낭패를 당하지 않는다.

심층분석 가족법인 운영 시 발생하는 세금들

법인을 운영하면서 만나게 되는 세금의 종류를 간략히 정리해보자.

1. 법인세

법인세는 법인이 획득한 소득에 대해 다음과 같이 과세하는 세금을 말한다.

구분	각 사업연도 소득	토지 등 양도차익	청산소득
개념	사업연도 중 발생한 소득에 과세	비사업용 토지나 투자용 주택에서 발생한 양도차익에 추가로 과세	청산 시 발생한 소득에 과세
과세대상	이익금-손금	양도차익	청산소득
세율	9~24%	20%(토지는 10%)	9~24%

◉ 가족법인과 관련된 세무리스크는 주로 법인세에서 많이 발생한다. 대표적으로 다음과 같은 것들이 있다.

- 자금 관련 : 가지급금, 임시로 받은 돈(가수금) 관련 등
- 비용 관련 : 업무무관비용, 임원급여 한도초과, 부당비용 등

◉ 가족법인의 임직원 보수와 주식 등은 상법과 밀접한 관련을 맺고 있다. 따라서 늘 상법에서 정하고 있는 내용을 잘 알아둬야 한다.

2. 부가가치세

부가가치세는 부가가치세법상 재화와 용역의 공급에 대해 10% 상당액만큼 부과되는 세금이다. 실무상 매우 중요한 세목에 해당한다.

구분	재화의 공급	용역의 공급
과세대상	상품이나 제품의 공급	용역이나 서비스의 공급
세율	10%	10%

▶ 재화와 용역의 거래 시 세금계산서 수수문제 등에서 세무리스크가 다수 발생한다.

3. 소득세

소득세는 개인이 내는 세금으로 종합소득세와 분류과세(퇴직소득세, 양도소득세 등)로 구분된다.

구분	종합소득세	분류과세	비고
과세대상	근로소득, 사업소득, 배당·이자소득, 연금소득, 기타소득	• 퇴직소득 • 양도소득 • 금융투자소득	배당소득과 이자소득(금융소득)은 연간 2,000만 원 초과 시 종합과세됨.
과세방식	앞의 소득을 합산해서 과세	앞의 소득은 별개로 분류과세	
종합소득공제	기본공제 등 적용	없음.	
세율	6~45%	앞의 소득별로 별도 세율	
신고·납부기한	다음 해 5월 31일 (성실신고는 6월 30일)	앞의 소득별로 별도로 정해짐.	

⊙ 가족법인의 경우 소득세 관리에도 주의해야 한다. 주주와 임직원과 관련된 개인소득이 다양한 형태로 발생하기 때문이다. 대표적인 것은 다음과 같다.

- 주주 : 배당소득
- 임직원 : 근로소득, 퇴직소득 등

4. 상속·증여세

상속은 개인이 사망했을 때, 증여는 개인이 증여를 받은 경우 내는 세금을 말한다. 이런 세금은 주로 주주(때로는 대표이사)와 관련해서 발생한다.

구분	상속세	증여세	비고
과세대상	피상속인의 재산	무상으로 받은 재산	증여는 생전에 이루어짐.
과세표준	상속재산가액-상속공제	증여재산가액-증여공제	
세율	10~50%	좌동	
신고·납부기한	상속개시일이 속한 달의 말일로부터 6개월	증여일이 속한 달의 말일로부터 3개월	

⊙ 가족법인과 관련해서 상속세와 증여세가 과세되는 경우는 그리 흔하지 않다. 그래서인지 대부분 이에 관한 내용을 모른 채 지나가는 경우가 많다. 하지만 어떤 경우는 치명적인 손실을 주기도 한다. 따라서 다음과 같은 내용에 특히 주의해야 한다.

- 주주 관련 : 주식은 상속이나 증여재산에 해당됨.
- 대표이사 관련 : 가수금은 대표이사의 채권에 해당하므로 상속재산에 포함됨.

5. 취득세, 보유세, 추가법인세

취득세와 보유세 그리고 추가법인세는 모두 부동산과 관련된 것이다.

구분	취득세	보유세	추가법인세
과세대상	부동산의 취득	부동산의 보유	비사업용 토지와 주택의 양도
과세표준	취득가액	(기준시가 - 공제금액) × 공정시장가액비율	양도가액 - 취득가액
세율	1~12%*	재산세와 종부세로 이원화	20%(토지는 10%)

* 2024년 중에 취득세 중과세율이 12%에서 6%로 인하될 수 있다. 다만, 세율이 개정되려면 국회를 통과해야 한다.

▶ 가족법인 중 주택이나 토지 등을 사용 목적이나 투자 목적으로 거래하면 앞과 같은 세금을 추가로 부담하게 된다. 이런 세금문제들은 주로 부동산업을 주업으로 하는 가족법인들이 주의해야 한다.

Tip 개인사업자와 법인의 세무회계 비교

구분		개인사업자	법인
소득세·법인세	근거법	소득세법	법인세법
	과세대상 소득	총수입금액-필요경비	익금총액-손금총액
	세율	• 기본세율 : 6~45% • 부동산 매매업 : 비교과세	• 기본세율 : 9~24% • 토지 등 양도차익 : 추가과세(10~20%)
	신고·납부	다음 해 5. 1~ 5. 31 (성실신고는 6.30)	결산 종료일로부터 3월 말일까지
	기장의무	수입금액에 따라 간편장부 및 복식장부로 구분	복식장부로 작성
	세무회계 차이	• 소득개념은 소득원천설[2] • 부동산 처분손익은 양도소득세로 분류과세 • 대표자에 대한 인건비는 필요경비로 인정되지 않음. • 자금 초과인출 시 초과인출분에 대한 지급이자는 필요경비로 인정되지 않음.	• 순자산증가설 • 법인세로 과세 • 비용으로 인정 • 지급이자에 대한 다양한 규제 있음.
기타 세목	부가가치세	반기별 2회 확정신고	분기별 4회 신고
	원천징수	원천징수제도 있음.	좌동
투명성 강화제도	통장 거래	사업용 계좌제도	없음.
	성실신고 확인제도	적용됨.	좌동
외부감사제도		적용되지 않음.	적용됨.

2) 소득원천설은 세법에서 열거된 소득에 대해서만 과세하는 주의를, 순자산증가설은 세법에 열거되지 않더라도 포괄적으로 과세하는 주의를 말한다. 이 이론에 따라 법인의 과세 폭이 훨씬 더 넓다. 예를 들어 주식 투자의 경우 개인은 비과세 등이 적용되나, 법인은 무조건 과세되는 것이 대표적이다.

제 2 장

가족법인을 제대로 설립하는 방법

01

1인 법인, 가족법인, 일반법인 비교

이제 앞 장에서 살펴본 개인과 법인의 특징을 발판 삼아 본격적으로 가족법인에 대해 알아보자. 여기서 가족법인이란 단어에서도 알 수 있듯이 가족을 중심으로 운영되는 회사를 말한다.[3] 예를 들어 4인 가족의 경우 이들이 주주가 되는 동시에 그들이 이사와 감사를 맡는 형식이 된다. 그렇다면 가족법인은 1인 법인 및 일반법인과 어떤 차이가 있을까?

1. 1인 법인과 가족법인의 비교

1인 법인은 일반적으로 주주가 1인인 경우를, 가족법인은 주주가 2인 이상인 경우를 말한다. 그런데 큰 틀에서 보면 이들은 가족이 회사

3) 원래 회사(會社)는 상법 제169조에서 상행위나 그 밖의 영리를 목적으로 해 설립한 법인을 말한다. 이에는 주식회사, 유한회사, 합자회사, 합명회사, 유한책임회사 등 다섯 가지가 있다. 한편 법인(法人)이란 법률에 따라 권리 의무의 주체가 되는 단체 등을 말한다. 일반적으로 앞의 회사는 법인형태로 운영된다. 이 책에서는 사업을 개인이 운영하는 것과 비교해 법인이란 용어를 사용하고 있다.

를 운영한다는 공통점이 있어 다음과 같은 특징을 보인다.

구분	1인 법인	가족법인
주주 수	1인	1인 이상
이사 수	1인	1~2인
감사 수	1인(임의)	1인(임의)
주주총회	형식적	좌동
이사회	구성할 수 없음.	좌동
업무집행	사내이사(대표) 단독	각 사내이사(대표)
자금 사용	내부관리시스템 약함.	좌동
배당	자율적 결정	좌동
종업원 채용	가족 중심	좌동

1인 법인과 가족법인의 운영형태는 대동소이하다. 특히 회사의 중요한 의사결정은 주주총회와 이사회 그리고 대표이사가 하게 되는데, 이사가 2인 이하인 법인은 이사회를 구성할 수 없으므로(상법 제383조), 주주총회와 각 이사가 그 역할을 대신하게 된다.

2. 가족법인과 일반법인의 비교

가족법인과 일반법인은 형식상 같은 법인형태로 운영되지만, 내용상 다양한 차이가 발생한다. 일단 이를 요약하면 다음과 같다.

구분	가족법인	일반법인
주주 수	2인 이상	다수
이사 수	1~2인	3인 이상
감사 수	1인(임의)	1인 이상(감사위원회)

구분	가족법인	일반법인
주주총회	형식적	실질적
이사회	구성할 수 없음.	구성해야 함.
업무집행	각 이사	이사회(대표이사는 위임관계)
자금 사용	내부관리시스템 약함.	내부관리시스템 강함.
배당	자율적 결정	주주총회 결정
종업원 채용	가족 중심	무작위 채용

가족법인은 일반법인보다 자율성이 많이 보장되나, 일반법인은 그렇지 않다. 일반법인은 자본금이 10억 원 미만인 경우라도 보통 이사가 3인 이상이므로 주주총회와 이사회가 상당히 중요한 역할을 한다.

3. 적용 사례

사례를 통해 앞의 내용을 확인해보자.

자료

- K법인은 가족들로 주주를 구성할 예정임(4인).
- 자본금은 1억 원임.

Q 이사는 몇 명을 둬야 하는가?

자본금이 10억 원 미만인 회사는 1~2인 이내에서 둘 수 있다. 물론 3인 이상도 가능하다.

Q 이사의 수를 2인 이하로 하는 것과 3인 이상으로 하는 것의 차이는?

구분	2인 이하	3인 이상
상법	• 이사회 구성을 안 해도 됨. • 이사회 의결사항은 각 이사가 대신함. • 이사회 의사록 작성을 안 해도 됨.	• 구성해야 함. • 이사회 의결사항은 반드시 이사회가 해야 함. • 작성해야 함.
세법	• 임원의 상여는 이사회 개최 없이 이사가 결정해도 됨.	• 임원의 상여는 이사회를 통해 결정할 수 있음. 단독 이사는 결정할 수 없음(의사록으로 확인).

Q 가족법인은 이사의 수를 몇 명으로 하는 것이 좋을까?

가족법인은 소규모로 설립하는 것이 일반적이므로 2인 이하가 좋을 것으로 보인다. 이에 대한 자세한 내용은 뒤에서 살펴보자.

Tip 가족법인의 소유와 경영의 관계

법인회사는 소유와 경영이 분리되어 운영되는 것이 일반적이다. 즉, 회사의 주인들인 주주들이 자금을 모집하고, 이사들이 회사를 경영하는 방식으로 운영된다. 하지만 가족법인은 소유와 경영이 분리되지 않은 채, 주주가 이사직을 겸하면서 경영에 참여하는 경우가 많다. 그 결과 주주나 이사(또는 지배주주의 직원)의 이익을 위해 무리한 결정을 할 가능성이 항상 열려 있다. 이에 따라 세법도 이에 대한 방지책으로 다양한 제도를 두고 있으므로 의사결정 시 주의해야 할 것으로 보인다.

02

가족법인을 만드는 방법

가족법인을 만드는 방법은 설립, 인수 등이 있다. 이 중 설립은 신규로 법인을 만드는 것을, 인수는 기존법인의 주식을 인수해서 그 법인의 주주가 되는 것을 말한다. 이 책은 주로 법인을 새롭게 만드는 것을 토대로 논의를 진행하고자 한다. 다만, 여기에서는 법인을 만드는 절차만 알아보고, 구체적인 것들은 순차적으로 살펴보자.

1. 법인설립절차

먼저 법인(주식회사 등)은 ① 발기인을 구성해서, ② 회사 상호와 사업목적을 정한 다음, ③ 발기인이 정관을 작성한다. 그리고 정관작성 후에는 ④ 주식발행사항을 결정하고, ⑤ 발기설립 또는 모집설립의 과정을 거쳐, ⑥ 법인설립등기, 법인설립신고 및 사업자등록을 하면 모든 설립행위가 완료된다. 이를 요약하면 다음과 같다.

절차	업무 내용	비고
발기인의 구성	회사의 창립 시 구성원(1인 이상)	상법 제288조
▼		
상호 및 사업목적 결정	• 상호 : 회사명 • 목적사업 : 법인이 하고자 하는 사업의 범위	상법 제289조
▼		
정관작성	발기인 작성	상법 제289조
▼		
주식발행사항 결정	• 발기설립 : 발기인 주식 인수, 주금납입 등 • 모집설립 : 발기인 주식 인수, 주주모집 등	상법 제291조
▼		
등록면허세 납부	• 면허세 : 0.4%(과밀억제권역 3배 중과) • 지방교육세 : 면허세의 20%	지방세법 제28조, 제151조
▼		
설립등기	관할 등기소	상법 제317조
▼		
법인설립 및 사업자등록	관할 세무서	법인세법 제109조

앞에서 발기인은 창립구성원(주주)으로 발기인의 수에는 제한이 없다. 따라서 발기인이 1인 이상이면 문제가 없다. 가족법인의 경우 4인이 주주라면 4인이 발기인으로 참여한다.

2. 주요 내용

앞의 설립절차 중 주요 내용을 간략히 살펴보자. 그리고 실무적으로 의사결정이 필요한 내용에 대해서는 순차적으로 자세히 살펴보자.

1) 정관의 작성

'정관'은 법인의 조직과 활동에 관한 기본규칙에 해당하는 것으로, 사업목적, 상호, 회사가 발행할 주식의 총수, 1주의 금액 등을 기재하도록 법률로 규정되어 있다(상법 제289조). 정관은 법인의 중요한 내용이 들어 있기 때문에 반드시 공증인의 인증을 받아야 한다(상법 제292조). 인증을 받지 않으면 정관 자체가 무효가 된다(단, 자본금 10억 원 미만인 법인은 공증인의 인증이 필요 없다).

> ※ 제289조(정관의 작성, 절대적 기재사항)
>
> ① 발기인은 정관을 작성하여 다음의 사항을 적고 각 발기인이 기명날인 또는 서명하여야 한다.
>
> 1. 목적
> 2. 상호
> 3. 회사가 발행할 주식의 총수
> 4. 액면주식을 발행하는 경우 1주의 금액
> 5. 법인의 설립 시에 발행하는 주식의 총수
> 6. 본점의 소재지
> 7. 회사가 공고를 하는 방법
> 8. 발기인의 성명·주민등록번호 및 주소

▶ 위 외의 기재사항은 상대적 기재사항(정관에 기재해야 효력이 발생하는 사항)과 임의적 기재사항(정관에 기재하지 않아도 효력이 발생하는 사항)에 해당한다.

2) 법인의 실체구성

'법인의 실체구성'은 주주를 확정하고 자본을 모집해 회사기관을 구성하는 단계를 말한다.

① 자본을 모집하는 방법

이에는 발기설립과 모집설립이 있다. '발기설립'은 발기인이 주식의 총수를 인수하는 방법을 말하며, '모집설립'은 자본 일부를 별도의 주주로부터 청약을 받아 모집하는 방법을 말한다. 현실적으로는 비교적 설립이 쉬운 발기설립이 선호되고 있다.

▶ 자본금을 조달할 때는 실제 자본금을 납입할 수 있도록 해야 한다. 설립 후에 자본금을 인출하면 상법과 세법 등에서 다양한 규제를 하기 때문이다. 한편 설립 시 주식 비율에 따른 제반 문제(과점주주에 대한 제2차 납세의무, 간주취득에 따른 취득세 납부의무 등)를 검토하는 것이 좋다. 이때 주식을 명의신탁하는 증여세 과세문제가 발생하므로 명의신탁이 되지 않도록 해야 한다.

② 회사의 기관구성

법인은 그 자체로서 의사결정을 할 수 없으므로 기관을 구성해 이들에게 의사결정을 하도록 하고 있다. 기관에는 주주총회, 이사(대표이사 포함)와 이사회, 감사(또는 감사위원회)가 있다. 다만, 자본금이 10억 원 미만인 가족법인의 경우는 이사회를 구성할 수 없는 것이 원칙이다(상법 제383조).

구분	업무 내용	가족법인의 경우
주주총회	의사결정기관	좌동
이사(대표이사)	회사대표, 업무집행	좌동(1~2인)
이사회	의사결정, 업무집행감독	없음(이사 2인 이하 선임 시).
감사 또는 감사위원회	이사의 업무 및 회계에 대한 감사기관	△(1인, 선택사항)

▶ 이사(대표이사)와 감사의 수와 그 범위 등은 세법을 이해하는 데 매우 중요하다. 뒤의 해당 부분에서 자세히 알아보자.

3. 설립등기

발기설립의 경우 검사인의 설립 경과 조사 등의 절차 완료일로부터 2주 이내에 '법인설립등기신청서'에 정관과 주식 인수를 증명하는 서류 등을 첨부해 본점 소재지 관할 등기소에 설립등기를 신청한다(상법 제317조). 설립등기를 함으로써 법인격이 취득된다. 이후 법인설립신고와 사업자등록을 거쳐 법인의 이름으로 영업활동을 할 수 있게 된다.

Tip 주식회사 설립등기신청서 작성 샘플

주식회사 설립등기는 다음의 신청서를 작성한 후 첨부서류와 함께 관할 등기소에 제출하는 식으로 진행된다.

주식회사 설립등기 신청

<table>
<tr><td rowspan="2">접
수</td><td>년 월 일</td><td rowspan="2">처
리
인</td><td>접수</td><td>조사</td><td>기입</td><td>교합</td><td>각종 통지</td></tr>
<tr><td>제 호</td><td></td><td></td><td></td><td></td><td></td></tr>
</table>

등기의 목적	주식회사 설립등기
등기의 사유	정관을 작성하고 발기인이 회사설립 시에 발행하는 주식의 총수를 인수하고 잔고(잔액)증명서로 주금납입을 대체하였으며, 2024년 ○○월 ○○일 발기인총회를 종결하였으므로 다음 사항의 등기를 구함.
본·지점 신청구분	1. 본점 신청 ■ 2. 지점 신청 □ 3. 본·지점 일괄 신청 □
등기할 사항	
상호	○○주식회사
본점	주소
공고 방법	공고방법은 서울에서 발행하는 일간 ○○경제신문에 게재한다.
1주의 금액	금 1,000원
발행할 주식의 총수	50,000주
발행주식의 총수, 그 종류와 각종 주식의 내용과 수	발행주식의 총수 50,000주 보통주식 50,000주
자본의 총액	금 50,000,000원

등기할 사항	
목 적[4]	1. 소프트웨어 개발 및 공급업 1. 부동산 매매 및 임대업 1. 부동산 개발 및 공급업 1. 주식 매매업 1. 교육 및 교육지원 서비스업 1. 경영 자문 및 컨설팅업 1. 서적 및 기타 인쇄물 출판업 1. 위 부대사업 일체
이사 ·감사의 성명 및 주민등록번호	사내이사 ○○○ (○○○○○○ - ○○○○○○○) 사내이사 ○○○ (○○○○○○ - ○○○○○○○) 감사 ○○○ (○○○○○○ - ○○○○○○○)
대표이사의 성명과 주소	대표이사 ○○○ (○○○○○○ - ○○○○○○○) 주소
지점	
존립기간 또는 해산 사유	

신청등기소 및 등록세/수수료						
순번	신청등기소	구분	등록세 / 교육세	농어촌 특별세	세액합계	등기신청 수수료
1	○○지방법원 ○○지원 등기계	본점	원 / 원	원	원	원
합계			원 / 원		원	원
과세표준액	50,000,000원					

첨 부 서 면			
1.정관	각 1통	1. 잔고증명서	각 1통
1.주식발행사항동의서	각 1통	1. 이사회의사록(이사 2인 이하 생략)	각 1통
1.주식의 인수를 증명하는 서면	각 1통	1. 취임승낙서(인감증명서 포함)	각 1통
1.발기인총회의사록	각 1통	1. 주민등록등본	각 1통
1.주주명부	각 1통	1. 인감신고서	각 1통
1.기간단축동의서	각 1통	1. 등록세영수필확인서	각 1통
1.조사보고서	각 1통		

2024년 ○○월 ○○일

신청인 ○○주식회사 (법인)

대표이사 ○○○(○○○○○○ - ○○○○○○○) (인) (☎)

대리인 ○○지방법원 ○○지원 등기계 귀중

---

4) 법인은 한 그릇에 수많은 업종을 담을 수 있다.

03

사업목적 범위의 결정

법인을 세우는 목적은 법인을 통해 다양한 사업을 일으키고, 그 결과 남은 이윤을 주주들에게 배분하기 위한 것이다. 따라서 '사업목적'은 해당 법인의 본질적인 요소에 해당한다. 이에 대해 상법은 정관에 반드시 기재하도록 하고 있으며, 법인의 등기사항으로도 정하고 있다. 그렇다면 사업목적은 구체적으로 무엇을 의미할까?

1. 사업목적

법인의 사업목적이란 회사의 '영업활동의 범위'를 말한다. 한마디로 말하면 하고자 하는 사업의 내용을 말한다. 그런데 이런 사업목적의 범위는 불법이 아니면 제한 없이 정관에 나타낼 수 있다. 예를 들어 화장품을 만들어 팔거나 연예인 매니저업(엔터테인먼트산업)을 하는 경우, 다음과 같은 식으로 사업목적을 나열할 수 있다.

화장품 제조판매업의 경우	연예인 매니지업의 경우
1. 화장품 제조판매업 1. 소프트웨어 개발 및 공급업 1. 부동산 매매 및 임대업 1. 부동산 개발 및 공급업 1. 주식 매매업 1. 교육 및 교육지원 서비스업 1. 경영 자문 및 컨설팅업 1. 서적 및 기타 인쇄물 출판업 1. 위 부대사업 일체	1. 매니저업 1. 대중문화예술 기획업 1. 대중문화예술 관련 콘텐츠 개발 및 판매업 1. 공연 및 제작 관련 대리업 1. 대중문화교육 및 교육지원 서비스업 1. 대중문화산업 경영 자문 및 컨설팅업 1. 서적 및 기타 인쇄물 출판업 1. 부동산 매매 및 임대업 1. 부동산 개발 및 공급업 1. 주식 매매업 1. 위 부대사업 일체

2. 사업자등록과의 관계

앞과 같은 사업목적은 세법상 사업자등록과 밀접한 관련이 있다. 사업자등록증상의 업종은 정관과 등기부등본에 표시된 업종을 뽑아 정해지기 때문이다.

Q 이때 정관이나 등기부등본에 없는 사업을 할 때 불이익이 있을까?

이에 대해 세법은 관련 사업에 관한 내용 명기 여부와 관계없이 법인에 실제 법인세법상의 수입이 발생한다면, 법인세법에 따라 사업자등록 및 법인세 신고납부, 각종 명세서의 제출 의무 등을 부여하고 있다. 따라서 정관에 사업목적이 없더라도 신고 등만 제대로 하면 세법상의 불이익은 없다. 다만, 세법 외의 다른 법률에서 불이익을 주는 사항이 있는지는 별개로 검토해야 한다.[5]

---

5) 만일 등기부등본에 업종을 추가하기 위해서는 변경등기를 해야 한다.

04

주식회사 대 유한회사의 선택

가족법인을 만드는 방법은 생각보다 쉽다. 앞에서 본 표준화된 서식에 내용만 추가해서 설립등기를 마치면 그만이기 때문이다. 실제 실무에서 보면 며칠 내에 법인이 뚝딱 만들어지고는 한다. 하지만 설립 시 대충 만들어놓고 추후 고생하는 경우가 많다. 뒤늦게 문제점을 발견하고 이를 바로잡으려고 할 때는 이미 늦었거나 많은 지출을 감당해야 하기 때문이다. 따라서 가족법인을 만들 때부터 다양한 요소들을 정교하게 검토할 필요가 있다.

다음에서 상법상 회사의 종류부터 알아보자. 실무에서 보면 회사는 주식회사가 대부분이지만, 그 반대편에는 유한회사도 있는 만큼 이에 대해서도 충분히 알아보기 바란다.

1. 상법상 회사의 종류

상법 제169조에서 회사는 상행위나 그 밖의 영리를 목적으로 설립한 법인을 말한다. 이런 회사의 종류는 동법 제170조에서 다음과 같이 정하고 있다.

> 제170조(회사의 종류)
>
> 회사는 합명회사, 합자회사, 유한책임회사, 주식회사와 유한회사의 5종으로 한다.
>
> 제172조(회사의 성립)
>
> 회사는 본점 소재지에서 설립등기를 함으로써 성립한다.

2. 주식회사와 유한회사의 비교

우리나라 법인은 대부분 주식회사의 형태를 띠고 있다. 물론 가족법인도 그렇다. 하지만 가족법인에는 유한회사가 더 안성맞춤일 가능성이 높다. 주식회사보다 운영 및 세제 측면에서 유리한 점이 있기 때문이다. 일단 이 둘의 특징을 비교해보자.

구분	주식회사	유한회사
책임	주주(유한책임)	사원(유한책임)
규모	자본 규모에 따라 달라짐(유한회사보다는 규모가 클 가능성이 높음).	좌동(다만, 주식회사보다는 규모가 작을 가능성이 높음)
장점	지분증권화, 사채발행 가능, 상장 가능	의사결정이 신속. 관련 제도의 적용이 다소 느슨함.
단점	의사결정이 다소 느림. 상법 등의 규제가 강함.	지분증권화 불가능(단, 기명식은 가능), 사채발행 불가능함.
설립절차 등	상법에 따름.	좌동

구분	주식회사	유한회사
자본조달	상장, 사채 등	사원들의 출자
현물출자	가능(검사인이나 감정인의 감정이 필요)	가능(검사인이나 감정인의 감정은 불필요함. 법인설립 시 참고할 사항임)
지분양도제한	없음(등기 시 가능).	있음(정관규정 시 가능).
기관	주주총회, 이사회, 대표이사, 감사(필수기관)	사원총회, 이사회(감사는 임의기관)
세법의 적용	법인세법	좌동
외부감사	• 상장 : 무조건 감사대상 • 비상장 : ① 다음 네 가지 요소 중 2개 이상 충족 시 감사대상 - 자산 120억 원, 부채 70억 원, 매출액 100억 원, 종업원 수 100명 이상 ② 전년도 자산 또는 매출액 총액이 500억 원 이상은 무조건 감사대상	① 좌의 비상장 기준+출자사원 수 50명 이상 기준 중 3개 이상 충족 시 ② 전년도 자산 또는 매출액 총액이 500억 원 이상은 무조건 감사대상

3. 적용 사례

사례를 통해 앞의 내용을 확인해보자.

Q 주식회사와 유한회사의 가장 큰 차이점은 뭔가?

주식회사는 '주식'이라는 증권을 자유롭게 사고팔 수 있다. 반면 유한회사는 '주식'이 아닌 '지분'만 있을 뿐 증권을 발행할 수 없고, 정관으로 지분양도를 제한시킬 수 있다.

제555조(지분에 관한 증권)
유한회사는 사원의 지분에 관하여 지시식 또는 무기명식의 증권을 발행하지 못한다.

제556조(지분의 양도)
사원은 그 지분의 전부 또는 일부를 양도하거나 상속할 수 있다. 다만, 정관으로 지분의 양도를 제한할 수 있다.

Q 현물출자로 법인을 설립하면 법원의 감독을 받는가?

주식회사는 다수의 주주와 채권자를 보호하기 위해 현물출자가액을 정확히 평가했는지 등에 대해 법원이 관여하게 된다. 하지만 유한회사는 가족을 중심으로 회사가 운영되므로 이런 절차가 없다.

주식회사	유한회사
제290조(변태설립사항) 다음의 사항은 정관에 기재함으로써 그 효력이 있다. 2. 현물출자를 하는 자의 성명과 그 목적인 재산의 종류, 수량, 가격과 이에 대하여 부여할 주식의 종류와 수 제299조(검사인의 조사, 보고) ① 검사인은 제290조 각 호의 사항과 제295조에 따른 현물출자의 이행을 조사하여 법원에 보고하여야 한다.	제544조(변태설립사항) 다음의 사항은 정관에 기재함으로써 그 효력이 있다. 1. 현물출자를 하는 자의 성명과 그 목적인 재산의 종류, 수량, 가격과 이에 대하여 부여하는 출자좌수

▶ 부동산 법인은 가급적 유한회사로 해보는 것도 나쁘지 않으리라고 본다.

Q 유한회사로 법인을 설립하면 우대해 법인세법을 적용하는가?

현행 법인세법은 상법상 회사의 형태에도 불구하고 '법인'에 해당하면 무조건 이 법을 적용한다. 따라서 유한회사라고 해서 주식회사보다 세법을 우대해서 적용하지는 않는다.

Q 유한회사는 외부감사를 받지 않는가?

아니다. 다음과 같은 요건 중 3개 이상을 충족하면 외부감사대상이 된다.

구분	기준	비고
자산	120억 원 이상	
부채	70억 원 이상	
매출액	100억 원 이상	
종업원 수	100명 이상	
출자사원 수	50명 이상	추가 기준

05

자본금 규모의 결정

다음으로 자본금 규모에 관한 내용을 알아보자. 자본금은 회사의 주인인 '주주'들이 사업을 위해 납입한 자기자금을 말한다. 이런 자본금은 현금 또는 현물로도 출자 가능하며, 이에 대한 대가로 주식회사의 경우 '주식', 유한회사의 경우 '지분'을 획득하게 된다. 다음에서는 자본금에 대한 세무상 쟁점들을 살펴보자.

1. 자본금의 종류

자본금은 주주가 출자한 금전을 말한다. 이때 자본금은 현금뿐만 아니라 현물(물건)도 포함된다. 다만, 자본금을 현물로 출자하기 위해서는 앞에서 본 것처럼 사전에 정관에 관련 내용이 기재되어야 하고, 출자 시 법원의 인가를 받아야 한다(유한회사는 불필요).

2. 자본금 규모와 세무상 쟁점

회사를 운영하기 위해서는 기본적으로 자기자본인 자본금이 있어야 한다. 다음에서는 법정 자본금 및 자본 규모에 따른 세무상 쟁점을 정리해보자.

1) 법정 최저 자본금 제도

상법에서는 자본금의 크기에 대해서는 정하지 않고 있다. 법인설립을 쉽게 해주기 위한 취지가 있다.

주식회사	유한회사
제329조(자본금의 구성) ③ 액면주식 1주의 금액은 100원 이상으로 하여야 한다.	제546조(출자 1좌의 금액의 제한) 출자 1좌의 금액은 100원 이상으로 균일하게 하여야 한다.

참고로 상법 외 다른 법률에서 업종별로 자본금을 정하고 있는 경우가 있다. 따라서 해당 업종 관련 법률을 별도로 확인할 필요가 있다.

2) 적정 자본금 규모의 결정

자본금이 부족하면 운영 자금이나 투자 자금이 부족해지므로 당연히 은행 등의 차입금으로 회사를 운영할 수밖에 없다. 그렇게 되면 회사의 재무구조 안전성이 떨어질 것은 뻔하다. 따라서 적정 자본금 규모를 상시 유지할 필요가 있다.

3. 적용 사례

K씨는 법인을 설립 중이다. 자본금과 관련해서 물음에 답해보자.

자료

- 예상 자본금 : 5,000만 원
- 가족 현황 : 본인, 배우자, 자녀

Q 법인설립 시 자본금은 최소 얼마로 해야 하는가?

이에 대해서는 정해진 바가 없다. 상법에서 최저 자본금 제도를 폐지했기 때문이다.

Q 자본금은 현물로도 출자가 가능한가?

그렇다. 다만, 현물은 최대한 객관적으로 평가해서 출자되어야 한다. 상법에서는 현물출자 관련 사항을 정관에 기재하도록 하고 있다.

Q 향후 자본금을 증자할 때 주의해야 할 것들은?

자본금을 증자할 때에는 세법상의 주식 가격을 고려해 자본금이 조달되어야 한다. 이 과정에서 주주 간에 지분비율 등이 달라져 불균등증자가 발생하면, 증여세 문제가 발생할 수 있다는 점에 주의해야 한다(상법 제416조 이하 참조).

Q 자본금 감자 시 주의할 점은?

증자와 반대로 자본금을 감소시키는 것을 감자라고 한다. 따라서 주주의 자본금이 줄어들면서 다양한 세무상 쟁점을 일으키게 된다. 주주가 감자 대가를 받을 때나, 이 과정에서 특정 주주의 주식만 감자되어 불균등 감자가 발생하는 경우가 이에 해당한다. 전자의 경우 주주에 대한 소득세 과세문제, 후자는 증여세 과세문제를 말한다. 요즘은 자기주식을 매입해 이를 소각하는 방식으로 감자가 진행되는 경우도 많다.

> 제439조(자본금 감소의 방법, 절차)
>
> ① 자본금 감소의 결의에서는 그 감소의 방법을 정하여야 한다.
>
> ② 자본금 감소의 경우에는 제232조를 준용한다. 다만, 결손의 보전을 위하여 자본금을 감소하는 경우에는 그러하지 아니하다.
>
> ③ 사채권자가 이의를 제기하려면 사채권자집회의 결의가 있어야 한다. 이 경우에는 법원은 이해관계인의 청구에 의하여 사채권자를 위하여 이의 제기 기간을 연장할 수 있다.

Tip 자본금과 자금출처조사

자본금의 규모가 큰 경우로서 소득 능력이 없는 주부나 자녀 등이 주주가 된 경우 해당 자금에 대한 출처조사가 빌생할 수도 있다. 따라서 사전에 증여 등을 통해 이런 문제를 해결하도록 한다.

06

주주(사원) 구성의 방법

주식회사의 주주 또는 유한회사의 사원은 회사의 주식이나 지분을 소유하는 자(법인을 포함한다)를 말한다. 이들이 보유한 주식이나 지분은 그 법인의 소유권을 의미하므로 재산상 매우 중요한 의미가 있다. 따라서 주주를 어떤 식으로 구성하느냐에 따라 다양한 세무상 쟁점들이 발생할 가능성이 높다. 다음에서 이에 대해 알아보자.

1. 주주의 권한과 책임

1) 주주의 권한

주주는 총회에 참석해서 의결권을 행사할 수 있다.

> 제361조(총회의 권한)
> 주주총회는 본법 또는 정관에 정하는 사항에 한하여 결의할 수 있다.

또한, 이익배당을 받을 수 있는 권리를 보유한다.

> 제464조(이익배당의 기준)
> 이익배당은 각 주주가 가진 주식의 수에 따라 한다. 다만, 제344조 제1항을 적용하는 경우에는 그러하지 아니하다.

그리고 이 외에 장부열람권, 신주인수권, 잔여재산분배청구권 등을 가진다.

2) 주주의 책임

주식회사나 유한회사의 경우 본인이 소유한 주식이나 지분의 한도 내에서 손실 및 채무에 대한 책임이 있다.

> 제331조(주주의 책임)
> 주주의 책임은 그가 가진 주식의 인수가액을 한도로 한다.

▶ 법인이 파산한 경우 해당 주주는 회사 재산이 범위 내에서만 자기지분의 한도로 책임을 지게 된다. 따라서 이를 초과한 부분에 대해서는 책임을 면제받는다. 다만, 법인이 체납한 세금이 있는 경우는 해당 법인의 과점주주(50% 초과 보유)가 해당 세금에 대해 제2차 납부의무를 지게 된다.

3) 과점주주와 대주주에 대한 세법상의 불이익

세법에서는 지분율이 높은 주주에게는 다양한 규제를 적용하고 있다. 이하에서는 과점주주와 대주주를 규제한 내용만 알아보자.

① 과점주주에 대한 불이익

과점주주(50% 초과)에 대해서는 간주취득세 납부, 제2차 납부의무제도 등이 적용된다. 전자의 경우 법인이 취득한 부동산에 대해 법인은 물론, 주주도 취득세를 이중으로 부담하는 것을 말한다. 후자의 경우 법인이 내야 할 세금을 법인이 내지 못하는 경우 과점주주가 2차적으로 이를 부담하는 것을 말한다.

② 대주주에 대한 불이익

대주주(상장 1%, 비상장 4% 초과)에 해당하면 일반적인 주식에 대한 양도소득세율이 10%가 아닌, 20%(과표 3억 원 초과분은 25%)가 적용될 수 있다.

※ 주주의 종류와 세법상의 규제

구분[6]	개념	규제
대주주	지분율 1% 이상 등	주식 양도세율 상향 적용
최대주주	지분율이 가장 큰 주주군	금융재산 상속공제 미적용 등
지배주주	법인을 지배하는 주주군	일감 몰아주기 증여세제도 적용 등
과점주주	지분율 50% 초과 보유한 주주군	제2차 납세의무

2. 주주 구성법

가족법인의 주주 구성법에 대해 알아보자.

1) 주주 자격

일반적으로 법인의 주인인 주주는 개인이나 법인 등 제한이 없다. 따

6) 참고로 가족법인은 이에 모두 해당한다.

라서 대통령, 공무원, 회사원, 주부, 학생이나 다른 법인 모두 주식을 소유할 수 있다. 물론 미성년자도 주주가 될 수 있다.

2) 주주가 되는 방법

주주가 되는 방법은 다양하다.

구분	내용
① 설립 시 인수	창립구성원으로 참여해서 배정된 주식을 인수
② 신주인수	신주발행 시 주식을 인수
③ 상속이나 증여 등으로 인수	주주로부터 무상으로 주식을 인수
④ 주식 매수	주주로부터 주식을 유상으로 인수

3) 가족법인의 주주 구성법

가족법인의 주주는 자유롭게 구성할 수 있다. 따라서 그중 1인이 주식 대부분을 소유할 수 있고, 구성원들이 균등하게 소유할 수도 있다.

▶ 지분을 균등하게 구성하면 배당을 골고루 할 수 있지만, 그렇다고 반드시 이 구성이 좋다고는 할 수 없다. 향후 상속이나 증여 등을 고려한다면 자녀 등의 비율을 좀 더 높여 두는 것이 좋을 수도 있기 때문이다.

3. 적용 사례

K씨는 법인을 설립 중이다. 주주 구성과 관련해서 다음 상황에 답해보자.

자료

- 예상 자본금 : 5,000만 원
- 가족 현황 : 본인, 배우자, 자녀 2명

Q 주주는 개인만 될 수 있는가?

아니다. 주주는 회사에 자본금을 투자하고 주식을 취득한 자를 말하는데, 이때 주주에는 법인도 포함된다.

Q 미성년자도 주주가 될 수 있는가?

그렇다. 다만, 미성년자가 주주인 경우는 부모 또는 친권자의 인감도장 및 인감증명서, 가족관계증명서가 필요하다.

▶ 법인 대표, 이사 또는 감사가 되기 위해서는 최소 16세 이상이어야 한다. 이때 이사 등이 미성년자인 경우는 앞에서 본 부모 등의 인감도장 등이 필요하다.

Q 주주가 반드시 회사의 이사가 되어야 하는가?

아니다. 주주와 이사 등은 별개에 해당하기 때문이다. 따라서 주주가 이사가 될 수도 있고, 안 될 수도 있다.

Q 며느리도 주주로 참여할 수 있는가?

그렇다. 참고로 며느리도 특수관계인 주주에 포함된다.

※ 주주와 임원 간의 관계

구분	주주	임원
등기 여부	하지 않음.	등기원칙 (비등기 임원은 법률상 임원이 아님)
주주와 임원의 관계	주주는 임원이 될 수도 있고, 그렇지 않을 수도 있음.	임원은 주식을 보유할 수도 있고, 보유하지 않을 수도 있음.

▶ 가족법인의 경우 '주주=임원'의 관계가 형성되는 것이 일반적이다.

Q 사례에서 4인이 균등하게 25%씩 하는 경우의 장단점은?

배당을 균등하게 받을 수 있다는 장점이 있다. 단점은 각자가 처한 상황에 따라 판단을 해야 할 것으로 보인다.

Q 앞의 가족법인은 과점주주에 해당하는가?

그렇다. 특수관계인의 주식을 모두 합하면 100%가 되어 50%를 훨씬 초과하기 때문이다. 참고로 가족들의 주식 외에 다른 사람의 주식을 인수해서 과점주주가 된 경우에는 취득세 납부의무 등이 발생한다.

Tip 주주총회

가족법인은 주주총회가 상대적으로 중요하다. 이사회가 성립되지 않기 때문이다. 따라서 쟁점이 되는 요소가 있다면 사전에 주주총회 의사록을 만들어 추후 입증에 대비하는 것이 좋을 것으로 보인다. 물론 실무적으로 이사회를 만들어 운용할 수도 있을 것으로 보인다(저자 문의).

구분	주주총회
개념	주주들의 회의체 기관
권한	회사의 기본적인 사항과 중요한 사항에 대해 결정 권한
소집절차*	회의 2주일 전 통지(10억 원 미만 회사는 10일 전)
보통결의	• 출석 의결권 과반수와 총발행주식 수의 1/4 이상으로 결의 - 재무제표의 승인 - 배당 시기 등 결정
특별결의	• 출석 의결권 2/3 이상과 총발행주식 수의 1/3 이상으로 결의 - 정관의 변경 - 이사 및 감사 해임 등
의사록 작성	주주총회 의사록

* 자본금 10억 원 미만 회사는 주주 전원의 동의로 소집절차를 생략할 수 있고, 서면의 결의로 주주총회 결의를 갈음할 수 있다. 즉 주주총회 의사록을 만들어 서명날인하면 유효한 결의가 된다.

제　차 정기주주총회 의사록

　　년　　월　　일 오전　　시　　분부터 당사의 본점에서 정기 주주총회를 개최했다.

의결권이 있는 전체 주주 총수　　명
의결권이 있는 발행주식 총수　　주
출석 주주 수(위임장에 의한 자를 포함)　　명
출석 주주 중 의결권이 있는 자의 지분 총수　　주

상기와 같이 주주의 출석이 있었기 정관의 규정에 의거 대표이사　　는 의장석에 착석하고 정기주주총회가 적법하게 성립되었기에 개최한다는 뜻을 선언함으로써 즉시 의사 진행에 들어갔다.

제1호 의안　제　기 결산보고서의 승인에 관한 건.

의장은 당기　　년　월　일부터　　년　월　일까지에 대한 당사의 상황을 영업보고서에 의해 상세히 설명, 보고한 후 다음 서류에 대해 그 승인을 요구했다.

1. 대차대조표
2. 손익계산서
3. 이익잉여금처분안(또는 결손금처리안)

이어서 감사 ________는 면밀히 조사해본 결과 모두 정확하고 타당한 것임을 인정한다는 뜻을 보고했다.
따라서 총회는 별단의 이의 없이 이를 승인 가결했다.
의장은 이상으로서 오늘의 의사가 종료되었음을 선언하고 오전　　시　　분 폐회했다.
이상의 결의를 명확히 하기 위해 이 의사록을 작성하고 의장 및 출석이사가 여기에 서명날인을 한다.

년　　월　　일

(상호)　주식회사　　　제　　차 정기주주총회

의장 대표이사　　　(인)
출석이사　　　(인)
출석이사　　　(인)

07

이사와 대표이사 그리고 감사의 결정

법인은 사람이 아니므로 스스로 회사를 운영할 수가 없다. 따라서 법인 대신 운영할 주체가 필요한데 이를 '기관'이라고 하며, 이에는 주주총회, 이사회, 대표이사, 감사 등이 있다. 이 중 주주에 대해서는 앞에서 살펴봤다. 다음에서는 이사와 감사를 어떤 식으로 선정하는지, 이들의 권한과 책임 등은 무엇인지 알아보자.

1. 이사

1) 이사의 선임과 해임

이사는 주주총회에서 선임과 해임을 할 수 있다. 이런 관계로 보면 회사의 최고 의결기구는 주주총회라는 것을 알 수 있다.

第382條(이사의 선임, 회사와의 관계 및 사외이사)
① 이사는 주주총회에서 선임한다.

第385條(해임)
① 이사는 언제든지 제434조의 규정에 의한 주주총회의 결의로 이를 해임할 수 있다.

2) 이사의 수와 임기

① 원칙

이사의 수는 3인 이상이며 임기는 3년이다. 참고로 이사의 임기가 3년이 경과할 때 중임 등기를 해야 한다. 이를 게을리하면 과태료가 부과됨에 유의해야 한다.

第383條(원수, 임기)
① 이사는 3명 이상이어야 한다. 다만, 자본금 총액이 10억 원 미만인 회사는 1명 또는 2명으로 할 수 있다.<개정 2009. 5. 28.>
② 이사의 임기는 3년을 초과하지 못한다.<개정 1984. 4. 10.>

② 예외

자본금이 10억 원 미만인 가족법인의 이사 수는 2인 이하도 가능하다.

※ 참고 : 대중문화산업법에 의한 등록 시 임원의 요건
第26條(대중문화예술기획업의 등록)
① 대중문화예술기획업을 하려는 자는 문화체육관광부 장관에게 등록하여야 한다. 이 경우 등록한 사항을 변경할 경우에도 또한 같다.
② 제1항에 따른 등록을 하려는 자는 다음 각 호의 요건을 갖추어야 한다.

1. 다음 각 목의 어느 하나에 해당하는 요건을 갖출 것. 다만, 법인의 경우에는 임원 1명 이상이 이에 해당하여야 한다.*
   가. 대중문화예술기획업에서 2년 이상 종사한 경력
   나. 문화체육관광부령으로 정하는 시설에서 실시하는 대중문화예술기획업 관련 교육과정의 이수

* 등기부등본으로 확인되어야 할 것으로 보인다.

3) 가족법인의 이사 수 결정

가족법인도 3인 이상이 가능하나 3인 이상과 2인 이하는 상법과 세법의 적용에서 차이가 나므로 가급적 2인 이하로 하는 것이 좋을 것으로 보인다(45페이지 참조).

2. 이사회

1) 원칙

이사가 3인 이상 선임된 경우는 다음과 같이 이사회를 운영해야 한다. 2인 이하의 이사가 있는 회사는 이런 의무가 없다.

제390조(이사회의 소집)
① 이사회는 각 이사가 소집한다. 그러나 이사회의 결의로 소집할 이사를 정한 때에는 그러하지 아니하다.
② 제1항 단서의 규정에 의하여 소집권자로 지정되지 않은 다른 이사는 소집권자인 이사에게 이사회 소집을 요구할 수 있다. 소집권자인 이사가 정당한 이유 없이 이사회 소집을 거절하는 경우에는 다른 이사가 이사회를 소집할 수 있다.
③ 이사회를 소집함에는 회일을 정하고 그 1주간 전에 각 이사 및 감사에 대하여 통지를 발송하여야 한다. 그러나 그 기간은 정관으로 단축할 수 있다.

제391조(이사회의 결의방법)
① 이사회의 결의는 이사 과반수의 출석과 출석이사의 과반수로 하여야 한다. 그러나 정관으로 그 비율을 높게 정할 수 있다.

제391조의3(이사회의 의사록)
① 이사회의 의사에 관하여는 의사록을 작성하여야 한다.
② 의사록에는 의사의 안건, 경과요령, 그 결과, 반대하는 자와 그 반대이유를 기재하고 출석한 이사 및 감사가 기명날인 또는 서명하여야 한다.

제393조(이사회의 권한)
① 중요한 자산의 처분 및 양도, 대규모 재산의 차입, 지배인의 선임 또는 해임과 지점의 설치·이전 또는 폐지 등 회사의 업무집행은 이사회의 결의로 한다.
② 이사회는 이사의 직무의 집행을 감독한다.
③ 이사는 대표이사로 하여금 다른 이사 또는 피용자의 업무에 관하여 이사회에 보고할 것을 요구할 수 있다.
④ 이사는 3월에 1회 이상 업무의 집행상황을 이사회에 보고하여야 한다.

제399조(회사에 대한 책임)
① 이사가 고의 또는 과실로 법령 또는 정관에 위반한 행위를 하거나 그 임무를 게을리한 경우에는 그 이사는 회사에 대하여 연대하여 손해를 배상할 책임이 있다.
② 전항의 행위가 이사회의 결의에 의한 것인 때에는 그 결의에 찬성한 이사도 전항의 책임이 있다.
③ 전항의 결의에 참가한 이사로서 이의를 한 기재가 의사록에 없는 자는 그 결의에 찬성한 것으로 추정한다.

2) 예외

이사의 수가 2인 이하일 때는 앞의 규정이 적용되지 않는다. 그 이유는 뭘까? 우선 상법 제383조 제1항에서는 다음과 같이 이사 수를 정하고 있다.

제383조(원수, 임기)
① 이사는 3명 이상이어야 한다. 다만, 자본금 총액이 10억 원 미만인 회사는 1명 또는 2명으로 할 수 있다.

그런데 같은 조 제4항부터 제6항에서는 이 제1항의 단서에 의해 이사 수가 2인 이하인 경우는 3인 이상이면 적용되는 규정들을 적용하지 않아도 되는 것으로 하고 있다. 대표적인 것 몇 가지만 추려보면 다음과 같다. 구체적인 것은 해당 규정을 참조하기 바란다.

• 제4항의 경우
각종 이사회 의결사항은 주주총회 의결사항으로 한다.

• 제5항의 경우
- 상법 제390조 이사회 소집 등의 규정을 적용하지 않는다.
- 이사회 의사록 등에 관한 규정도 적용하지 않는다.

• 제6항의 경우
각 이사(정관에 따라 대표이사를 정한 경우에는 그 대표이사를 말한다)가 회사를 대표한다.

3. 대표이사

1) 원칙

3인 이상의 이사를 선임한 경우는 다음의 절차에 따라 대표이사를 선임해야 한다.

제389조(대표이사)

① 회사는 이사회의 결의로 회사를 대표할 이사를 선정하여야 한다. 그러나 정관으로 주주총회에서 이를 선정할 것을 정할 수 있다.

제209조(대표사원의 권한)

① 회사를 대표하는 사원은 회사의 영업에 관하여 재판상 또는 재판 외의 모든 행위를 할 권한이 있다.

② 전항의 권한에 대한 제한은 선의의 제삼자에게 대항하지 못한다.

2) 예외

이사의 수가 2인 이하인 경우는 이사회가 구성되지 않으므로 각 이사가 대표이사의 역할을 한다. 물론 정관에 기재한 후 주주총회를 통해 대표이사를 정해도 되고, 아니면 내부에서 임의적으로 대표이사를 정할 수도 있다.

4. 감사

1) 원칙

자본금이 10억 원을 넘은 회사는 감사를 주주총회에서 선임해야 한다.

제409조(선임)

① 감사는 주주총회에서 선임한다.

④ 제1항, 제296조 제1항 및 제312조에도 불구하고 자본금의 총액이 10억 원 미만인 회사의 경우에는 감사를 선임하지 아니할 수 있다.

제412조(감사의 직무와 보고요구, 조사의 권한)

① 감사는 이사의 직무의 집행을 감사한다.

② 감사는 언제든지 이사에 대하여 영업에 관한 보고를 요구하거나 회사의 업무와 재산상태를 조사할 수 있다.

③ 감사는 회사의 비용으로 전문가의 도움을 구할 수 있다.

※ 감사위원회(제415조의 2)

① 회사는 정관이 정한 바에 따라 감사에 갈음하여 제393조의 2의 규정에 의한 위원회로서 감사위원회를 설치할 수 있다. 감사위원회를 설치한 경우에는 감사를 둘 수 없다.

2) 예외

자본금이 10억 원 미만인 가족법인은 감사를 선임할 수도 있고, 하지 않을 수도 있다.

5. 적용 사례

사례를 통해 앞의 내용을 확인해보자.

자료

- 자본금이 1억 원인 가족법인을 설립할 예정임.
- 주주 : 4인
- 등기이사 : 2인
- 비등기이사 : 1인
- 감사 : 1인

Q 이 법인은 자본금이 10억 원 미만인 회사에 해당한다. 이 경우 상법상 어떤 혜택을 받을 수 있는가?

상법에서 이사회의 결의사항(사업양수도 등)을 각각 이사가 할 수 있게 하는 등 절차가 간소화된다.

Q 이 법인이 향후 임원 상여금을 지급할 때 이사가 결정한 기준에 따라 지급하면 세법은 문제로 삼을 수 있을까?

이사회를 구성할 수 없으므로 각 이사가 결정할 수밖에 없다. 따라서 세법은 이를 인정하는 것이 타당할 것으로 보인다.

▶ 다만, 실무적으로 과세당국과의 마찰이 있을 수 있으므로 정관에 기재한 후에 사전에 주주총회 형식을 빌려 이에 대한 지급기준을 정해두는 것이 좋을 것으로 보인다.

Q 이 법인은 이사가 2인인데 대표이사는 어떻게 정해야 하는가?

주주총회를 개최해 대표이사를 정할 수도 있고, 내부적으로 정할 수도 있을 것으로 보인다. 전자의 경우 정관에 대표이사는 주주총회에서 선임할 수 있도록 하는 것을 말한다. 다만, 정관에 규정을 하지 않고 주주총회에서 정하는 경우에도 실무상 큰 문제점은 발생하지 않을 것으로 보인다.

Tip 자본금 10억 원 미만과 그 이상인 회사의 비교

구분	10억 원 미만	10억 원 이상
이사의 수	1~2인 이상	3인 이상
이사회 구성	이사 3인 이상 시만 구성	당연함.
감사의 수	임의	1인 이상
주주총회	당연함.	좌동

가족법인의 경우 이사회를 구성할 필요가 없는 경우가 많지만, 내부관리를 위해 이사회를 별도 구성해 회사를 운영할 수도 있을 것으로 보인다. 이 경우 향후 입증을 위해 의사록을 만들어두면 좋을 것이다. 참고로 가족법인에서 임원 상여금을 집행했지만 이에 대한 의사록이 없다고 해서 무작정 이것을 부인할 수 없을 것으로 보인다. 상법에서는 2인 이하의 이사가 있는 경우는 이사회를 구성할 수 없고, 각 이사가 회사를 대표한다고 하고 있기 때문이다.

08

본점 소재지의 결정

법인을 설립할 때 본점 소재지 등도 주요 검토사항이 된다. 본점이 어디에 소재하는지에 따라 세금제도가 달라질 수 있기 때문이다. 한편 본점과는 별도로 지점을 설치하는 경우가 많은데, 특히 부동산 업종의 경우 이런 지점과 세법의 관계에 대해서도 유의해야 한다. 취득세 중과세 등과 관련이 있기 때문이다. 다음에서 이에 대해 알아보자.

1. 본점 소재지

상법상의 영업소는 본점과 지점을 말한다. 이런 본점과 지점은 세법상의 사업장과는 구분되는 개념이다.

1) 본점

상법상의 본점은 법인 활동 전체의 지휘명령을 하는 중심점의 지위를 가진 영업소를 말한다.

> 제171조(회사의 주소)
> 회사의 주소는 본점 소재지에 있는 것으로 한다.
>
> 제172조(회사의 성립)
> 회사는 본점 소재지에서 설립등기를 함으로써 성립한다.

Q 상법상의 본점은 무엇을 의미하는가?

법인의 본점은 대표이사 등 임직원이 상주하면서 기획, 재무, 총무 등 법인의 전반적인 사업을 수행하고 있는 영리법인의 주된 사무소를 말한다. 주된 사무소는 법인의 중추적인 의사결정 등 주된 기능을 수행하는 장소를 의미한다(조심 2015지 1560, 2016. 6. 21). 지점은 이런 기능을 독립적으로 하는 사무소를 말한다.

Q 본점 소재지는 주택으로 해도 되는가?

그렇다. 이에 대해서는 제한이 없다. 다만, 임대차계약서(유상 또는 무상)가 준비되어야 한다. 단, 업종에 따라서는 사업자등록이 안 나올 수도 있으므로 관할 세무서에 미리 확인하는 것이 좋을 것으로 보인다.

▶ 자가 건물을 취득해서 이를 본점으로 사용하는 문제는 별도로 검토해야 한다. 저자의 다른 책을 참조하기 바란다.

2) 지점

지점은 본점의 지휘를 받으면서도 부분적으로는 독립된 기능을 하는 영업소를 말한다. 참고로 창고는 지점에 해당하지 않는다.

> 제35조(지점 소재지에서의 등기)
> 본점의 소재지에서 등기할 사항은 다른 규정이 없으면 지점의 소재지에서도 등기하여야 한다.

2. 본점 소재지와 세법의 관계

상법상의 본점은 법인의 주소지를 말하며, 법인세법은 이의 주소지를 납세지로 해서 법인세를 과세하고 있다. 하지만 이런 법인은 본점 소재지 외에서 사업할 수 있는데, 부가가치세법에서는 '사업장'의 개념을 둬서 사업장마다 사업자등록을 하도록 한다. 따라서 법인들은 본점과 사업장의 개념을 잘 구분할 필요가 있다. 이 내용을 정리해보자.

1) 법인세

법인세는 법인이 획득한 소득에 대해 과세하는 세목이므로 등기부상의 본점이 소재한 관할 세무서가 납세지가 된다. 지점이 별도로 운영된다고 하더라도 본점에 통합해서 법인세를 신고해야 한다. 따라서 법인세 납세지는 원칙적으로 '하나'만 존재한다.

2) 부가가치세

부가가치세는 재화나 용역의 거래에 따라 거래 사실과 부가가치를 포착해야 하므로 '사업장별 과세원칙'을 유지하고 있다. 따라서 사업장이 소재한 관할 세무서마다 사업자등록을 하고, 이를 기준으로 부가가치세를 신고 및 납부해야 한다. 참고로 부가가치세법에서는 다음과 같이 사업장이 정해져 있다.

구분	사업장	비고
제조업	최종제품을 완성하는 장소	제품 포장만을 하는 장소 등은 제외
부동산 매매업/건설업	• 법인 : 법인(본점) 등기부상의 소재지(등기부상의 지점 포함) • 개인 : 업무 총괄장소	본점(지점) 소재지의 관할 세무서에서 부가가치세를 신고·납부
부동산 임대업	부동산 등기부상의 소재지	부동산 소재지의 관할 세무서에 각각 부가가치세를 신고·납부[7)] ☞ 따라서 임대 부동산이 있는 사업장마다 사업자등록을 하는 것이 원칙임.
서비스업	등기부상의 소재지	

3) 취득세

취득세의 납세지는 해당 부동산이 소재한 관할 시·군·구청이 된다.

※ 사업장과의 구별

본점은 해당 법인의 모든 사무를 관장하는 장소를, 사업장은 자기사업을 위해 거래의 전부 또는 일부를 행하는 고정된 장소를 말한다. 따라서 본점과 사업장이 일치할 수 있고, 본점 하나에 사업장이 여러 개일 수도 있다. 부가가치세법상 사업자등록은 '사업장'마다 하도록 하고 있다. 따라서 업종별로 사업장을 확인할 필요가 있다.

7) 건물의 임대사업장이 여러 곳인 경우는 '사업자 단위'로 본점 또는 주 사무소 한 곳만 사업자등록을 할 수 있다.

3. 지점 소재지와 세법의 관계

상법상의 지점과 세법상의 사업장은 별개에 해당한다. 따라서 상법상 지점이 설치되지 않았다고 해서 세법상 사업자등록을 하지 않아도 되는 것은 아니다. 또한, 세법상 사업장에 해당되어 사업자등록의무가 있다고 하더라도 상법상 지점을 반드시 설치해야 하는 것은 아니다.

※ 상법상의 지점과 세법상 사업장과의 차이

구분	지점	사업장
개념	본점과 독립적인 영업을 수행하는 장소	사업을 하기 위해서 거래의 전부 또는 일부를 하는 고정된 장소
설치 근거법	상법	부가가치세법
설치 시 필요서류	지점설치 이사회 의사록 등	임대차계약서, 사업자등록신청서, 이사회 의사록(지점설치)
서류 제출처	등기소	세무서 민원실
미설치 시 불이익	과태료(500만 원 이하)	미등록가산세(1%)
둘의 관계	지점과 사업장은 별개에 해당함.	

4. 적용 사례

K씨는 부동산 업종을 위한 법인설립을 앞두고 본점 소재지를 어디에 둘까 고민 중이다. 물음에 답해보자.

Q 본점이 갖는 세법상의 의미는?

본점 소재지는 법인세 등을 관할하는 세무서를 결정하는 기준이 되며, 어디에 소재하느냐에 따라 규제 또는 세제지원의 내용이 달라진다. 현행 세법은 주로 수도권(과밀억제권역) 밖에 소재한 기업에 대해서는 조세우대정책을 펴고 있지만, 안에 소재한 기업들에 대해서는 불이익을 주는 정책을 채택하고 있다. 이는 수도권 인구집중을 억제하기 위한 취지가 있다. 다만, 법인세법에서는 부동산업에 대해서는 수도권 안과 밖을 구별하지 않고 별다른 혜택을 주지 않는다. 업종에 따른 규제가 적용되기 때문이다.

Q 본점 소재지가 서울에 있는 경우 예상되는 세무상 문제점은?

부동산업과 관련된 주요세금 중 취득세와 법인세에서 다음과 같은 문제점이 예상된다.

- 취득세 → 취득세 중과세의 가능성이 있다.
- 법인세 → 각종 법인세 관련 조세감면을 받을 수 없다.

Q K씨가 서울에서 설립한 법인은 경기도 지역의 부동산을 취득해서 임대업을 시작하려고 한다. 이 경우 경기도 해당 지역에서 별도의 지점 등기를 하고 사업자등록을 별도로 내야 하는가? 아니면 본점에서 일괄적으로 신고·납부할 수 있는가?

부가가치세법은 사업장별 과세원칙을 적용하고 있으므로, 등기부상 소재지마다 별도로 사업자등록을 내야 한다.[8] 한편 상법상의 지점설치는 상법에 따르는 것으로 사업자등록과는 관계가 없다.

---

8) 다만, 둘 이상의 사업장을 가진 사업자가 사업자 단위로 본점 한 곳만 사업자등록을 하고, 세금계산서 발행 및 신고·납부를 사업자 단위로 통일하고자 하는 경우는 적용받고자 하는 과세기간 개시 20일 전까지 사업자 단위과세 적용을 신청할 수 있다.

▶ 다만, 관할 세무서에 사업자등록을 낼 때 지점설치 등기 여부를 확인하려고 하는데, 이때에는 이사회 의사록을 작성해서 제출하면 사업자등록을 내는 데 문제는 없다.

Q 앞의 질문에서 상법상 지점등기를 하지 않으면 어떤 문제가 있나?

상법상 지점에 해당함에도 불구하고 지점등기를 하지 않으면 과태료(500만 원 이하)를 부담할 수 있다.

Tip 수도권 내 본점의 이전, 지점설치 시 주의해야 할 사항들

수도권 과밀억제권역 외의 지역에서 수도권 과밀억제권역 내로 본점을 이전하거나 수도권 과밀억제권역 내에서 지점을 설치하면서 부동산을 취득하는 경우는 취득세 중과세 문제가 있다. 주의하기 바란다.

09

정관의 작성과 변경

정관은 회사 내부의 제반 규정 중에서 최상위의 기본규칙이라고 할 수 있다. 이런 정관에는 상법상 반드시 기재하지 않으면 정관 자체가 무효가 되는 절대적 기재사항이 있다. 이들 사항은 하나라도 누락되면 정관 자체가 무효가 되므로 세심한 주의가 필요하다. 물론 임의적 기재사항은 정관에 기재되지 않아도 정관이 무효가 되지 않는다. 한편 사업연도 중에 정관변경이 필요한 경우도 있으므로 사전에 이에 대해 검토해야 한다.

1. 정관의 기재사항

1) 절대적 기재사항

① 사업의 목적 ② 상호 ③ 회사가 발행할 주식의 총수
④ 1주의 금액 ⑤ 회사가 설립 시 발행하는 주식의 총수

⑥ 본점 소재지 ⑦ 회사의 공고방법
⑧ 발기인 성명·주민등록번호 및 주소

2) 임의적 기재사항

임의적 기재사항은 정관에 기재함으로써 효력이 발생하는 경우를 말한다. 예를 들어 세법에서는 임원의 퇴직급여에 대해서는 정관에서 정하거나 정관에서 위임한 별도의 퇴직급여에 대해서만 손금으로 인정하고 있다.

- 현물출자
- 임원의 퇴직급여
- 주식소각 등

※ 회사정관에 대한 세법의 규제원리

- 정관은 회사의 운영규칙에 해당한다. 따라서 법에서 금지하는 사항이 아닌 한 회사 운영에 필요한 내용을 스스로 정할 수 있다.
- 정관에 지급근거가 마련되어 있는 경우는 이를 인정하는 것이 세법의 태도다. 다만, 여기에 규정되어 있다고 하더라도 무조건 이를 인정하는 것은 아님에 유의해야 한다. 예를 들어 법인이 정관이나 주주총회 등의 결의에 따라 임원에 대한 급여 지급기준을 정했다 하더라도 그 급여 지급기준이 정당한 급여 지급기준에 해당하는지 여부는 통상적인 근로제공의 대가로 급여의 실질을 가진 것인지 등을 종합적으로 고려해서 판단해야 한다는 것이다.
- 정관에 없는 내용은 주주총회에서 결정하면 근거가 확실해진다. 가족법인이 알아두면 좋을 내용이다.

2. 정관의 변경

회사가 보유하고 있는 정관은 대부분 설립 시 만든 표준정관으로 되어 있는 경우가 많다. 따라서 회사설립 이후에 경영환경이 많이 바뀐 경우에는 정관을 변경할 필요성이 생길 수 있다. 정관변경은 주주총회의 특별결의(상법 제433조)로 행해지며, 이때 얼마간의 수수료가 발생한다. 정관변경 등과 관련된 내용을 정리해보자.

1) 정관변경을 꼭 해야 하는 경우

다른 법률에서 정관에 반드시 기재되어야만 효력이 발생함을 정하고 있는 상황에서는 반드시 정관을 변경해야 한다. 예를 들어 주식양도제한 같은 경우가 그렇다. 참고로 세법은 정관에 있는 사항(임의 기재사항)을 지키지 않더라도 무조건 이를 문제 삼지 않는다. 주주총회 같은 대체수단이 있기 때문이다.

> 제434조(정관변경의 특별결의)
> 제433조 제1항의 결의는 출석한 주주의 의결권의 3분의 2 이상의 수와 발행주식 총수의 3분의 1 이상의 수로써 하여야 한다.

2) 가급적 정관변경을 하면 좋은 경우

임원이나 주주 등과 관련된 지출 등에 대해서는 미리 이에 관한 내용을 정해두는 것이 좋다. 예를 들어 임원 보수에 관한 내용이나 자기주식 취득사항이나 처분사항(이익소각), 중간배당 등이 그렇다. 물론 이런 내용이 정관에 기재되어 있지 않더라도 주주총회 등을 통해 관련 내용을 정하면 세법상 문제가 없다.

3) 정관변경을 할 필요가 없는 경우

일상적이고 소소한 내용은 정관에 기재해둘 필요가 없다.

4) 정관을 소급해서 변경시키는 경우

정관을 소급해서 작성하는 경우 이는 정관변경 사항이므로 당연히 가능하다. 다만, 변경된 내용을 가지고 비용지출 등을 하는 경우 세법이 이를 인정할 것인지 여부는 별도로 확인해야 한다.

5) 정관을 분실한 경우

사본을 가지고 공증을 받아도 되며, 사본 자체도 없는 경우 주주총회를 거쳐 정관변경을 하면 된다.

Tip 정관 샘플

구분	내용	비고
1. 종직	제1조 (상호) 당 회사는 주식회사라고 부른다. 제2조 (목적) 당 회사는 다음 사업을 경영함을 목적으로 한다. 제3조 (본점의 소재지) 당 회사의 본점은 서울특별시에 둔다. 제4조 (공고방법) 당 회사의 공고는 서울특별시에서 발행하는 일간 신문에 게재한다.	
2. 주식	제5조 (회사가 발행할 주식의 총수) 당 회사가 발행할 주식의 총수는 OO주로 한다. 제6조 (1주의 금액) 당 회사가 발행하는 주식 1주의 금액은 금 OOO원으로 한다. 제7조 (회사가 설립 시 발행하는 주식의 총수) 당 회사는 설립 시에 OO주의 주식을 발행하기로 한다. 제8조 (주식 및 주권의 종류) 당 회사의 주식은 보통주식으로서 전부 기명식으로 하고 주권은 1주권, 10주권, 100주권의 3종으로 한다.	

구분	내용	비고
2. 주식	제9조 (주권 불소지) 당 회사는 주권 주권 불소지제도를 채택하지 않는다. 제10조 (주금납입의 지체) 제11조 (명의 개서) 제13조 (주권의 재발행) 제14조 (수수료) 제15조 (주주명부의 폐쇄) 제16조 (주주의 주소 등의 신고)	
3. 주주총회	제17조 (소집) 당 회사의 정기주주총회는 영업연도 말일의 다음 날부터 3월 이내에 소집하고 임시주주총회는 필요한 경우에 수시 소집한다. 제18조 (의장) 대표이사가 주주총회의 의장이 된다. 제19조 (결의) 주주총회의 결의는 법령 또는 정관에 다른 규정이 있는 경우를 제외하고는 출석한 주주의 의결권의 과반수와 발행주식 총수의 4분의 1 이상의 수로서 한다. 제21조 (총회의 의사록) 주주총회의 의사록에는 의사의 경과요령과 그 결과를 기재하고 의장과 출석한 이사가 기명날인 또는 서명하여야 한다.	가족법인의 경우 중요한 역할을 한다.
4. 임원과 이사회	제22조 (이사와 감사의 원수) 당 회사의 이사는 OO명, 감사는 O인으로 한다. 제23조 (이사의 선임) 당 회사의 이사는 제19조의 결의방법에 따라 선임한다. 제24조 (감사의 선임) 당 회사의 감사는 제19조의 결의방법에 따라 선임한다. 제25조 (이사의 임기) 이사의 임기는 취임 후 3년으로 한다. 제26조 (감사의 임기) 감사의 임기는 취임 후 3년 내의 결산기에 관한 정기주주총회의 종결 시까지로 한다. 제27조 (이사회의 소집) 이사회는 대표이사 또는 이사회에서 따로 정한 이사가 있는 때에는 그 이사가 회의일 전에 각 이사 및 감사에게 통지하여 소집한다. 그러나 이사 및 간사 전원의 동의가 있는 때에는 소집절차를 생략할 수 있다.	가족법인은 이사회에 관한 규정이 적용되지 않는다 (이사 2인 이하인 경우).

구분	내용	비고
4. 임원과 이사회	제28조 (이사회의 결의) 이사회의 결의는 이사 과반수의 출석과 출석이사의 과반수로 한다. 제29조 (이사회 의사록) 이사회의 의사록에는 의사의 경과요령과 그 결과를 기재하고 출석한 이사 및 감사가 기명날인 또는 서명하여야 한다. 제30조 (대표이사) ① 당 회사는 사장 1인과 필요한 경우에 전무이사 및 상무이사 각 약간 명을 둔다. ② 사장·전무이사와 상무이사는 이사회의 결의에 따라 이사 중에서 선임한다. ③ 사장은 당 회사를 대표한다. 제31조 (업무집행) ① 사장은 당 회사의 업무를 통괄하고 전무이사 또는 상무이사는 사장을 보좌하여 그 업무를 분장한다. ② 사장이 유고 시에는 미리 이사회에서 정한 순서에 따라 전무이사 또는 상무이사가 사장의 직무를 대행한다. 제32조 (감사의 직무) 감사는 단 횡사의 업무 및 회계를 감사한다. 제33조 (보수와 퇴직금) 임원의 보수 또는 퇴직한 임원의 퇴직금은 주주총회의 결의로 정한 기준에 따라 지급한다. 이때 퇴직금은 퇴직연금으로 미리 지급할 수 있다.	
5. 계산	생략	
부칙	생략	

정관에서 신경 써야 할 부분은 임원과 관련된 보수(급여와 상여, 퇴직급여)에 관한 사항이다. 퇴직급여의 경우 퇴직연금으로 지급할 수 있는 근거도 마련해두는 것이 좋을 것으로 보인다.

10

설립등기, 설립신고와 사업자등록

개인은 관할 세무서에 사업자등록을 함으로써 언제든지 사업을 시작할 수 있지만, 법인은 먼저 '법인설립등기'를 해서 법인격을 취득한 다음에 법인설립신고와 사업자등록을 함으로써 사업을 시작할 수 있다.

1. 설립등기

1) 설립등기 절차

설립등기는 설립등기신청서에 첨부서류(다음 Tip 참조)를 갖춰 관할 등기소에 제출한다.

제317조(설립의 등기)

① 주식회사의 설립등기는 발기인이 회사설립 시에 발행한 주식의 총수를 인수한 경우에는 제299조와 제300조의 규정에 의한 절차가 종료한 날로부터, 발기인이 주주를 모집한 경우에는 창립총회가 종결한 날 또는 제314조의 규정에 의한 절차가 종료한 날로부터 2주간 내에 이를 하여야 한다.

2) 등기할 사항

다음과 같은 등기사항들은 외부에 공시되는 효과가 발생한다. 따라서 이들을 등기하지 않으면 과태료 등이 부과된다.

> 第317조(설립의 등기)
> ② 제1항의 설립등기에 있어서는 다음의 사항을 등기하여야 한다.
> 1. 제289조 제1항 제1호 내지 제4호, 제6호와 제7호에 게기한 사항[9]
> 2. 자본금의 액
> 3. 발행주식의 총수, 그 종류와 각종 주식의 내용과 수
>   3의 2. 주식의 양도에 관하여 이사회의 승인을 얻도록 정한 때에는 그 규정
>   3의 3. 주식매수선택권을 부여하도록 정한 때에는 그 규정
>   3의 4. 지점의 소재지
> 4. 회사의 존립기간 또는 해산 사유를 정한 때에는 그 기간 또는 사유
> 5. 삭제 <2011. 4. 14.>
> 6. 주주에게 배당할 이익으로 주식을 소각할 것을 정한 때에는 그 규정
> 7. 전환주식을 발행하는 경우에는 제347조에 게기한 사항
> 8. 사내이사, 사외이사, 그 밖에 상무에 종사하지 아니하는 이사, 감사 및 집행임원의 성명과 주민등록번호
> 9. 회사를 대표할 이사 또는 집행임원의 성명·주민등록번호 및 주소
> 10. 둘 이상의 대표이사 또는 대표집행임원이 공동으로 회사를 대표할 것을 정한 경우에는 그 규정
> 11. 명의개서대리인을 둔 때에는 그 상호 및 본점 소재지
> 12. 감사위원회를 설치한 때에는 감사위원회 위원의 성명 및 주민등록번호

3) 설립등기 관련 비용

법인을 설립할 때 소요되는 비용은 다음과 같다.

---

9) 사업목적 등 정관에 기재해야 할 내용을 말한다.

구분	내용	비고
등록면허세	• 일반세율 : 0.4% • 중과세율 : 1.2%(3배)	수도권 과밀억제권역 내 설립등기 시 중과세적용됨.
지방교육세	등록면허세의 20%	
등기수수료	소정의 수수료	
업무대행 수수료	상동	

※ 설립 후 변경등기 사항

구분	변경등기 기한	비고
1. 본점 소재지 이전	2주 내	위반 시 과태료가 부과됨.
2. 대표이사 주소 이전	2주 내	
3. 상호, 사업목적 변경 등	2주 내	
4. 자본금 등 변경	2주 내	
5. 지점의 설치, 이전, 폐지	3주 내	
6. 임원 변경, 중임	2주 내	

2. 법인설립신고와 사업자등록

법인설립신고는 설립등기를 한 날로부터 2개월 이내에 본점 소재지 관할 세무서장에게 소정의 서류(등기부등본, 임대차계약서, 주주 등의 명세 등)를 첨부해 신고하는 것을 말한다. 이는 세법에서 정한 협력 의무로 법인의 현황을 파악해 과세자료로 삼으려는 취지가 있다. 법인설립신고 시 구비서류는 다음과 같다.

- 법인설립신고서
- 법인등기부등본(2003년부터 첨부 생략)

• 정관
• 주주 등의 명세, 법인인감증명서(인감 날인), 임대차계약서 사본 등

한편 사업자등록은 법인설립신고와 같이 할 수 있다. 물론 사업자등록은 사업개시일로부터 20일 이내 또는 신설법인의 경우에는 사업 전이라도 가능하므로 매입세액의 환급관계를 고려해서 대표자의 주민등록번호로 세금계산서를 수취하면 된다.

Tip 설립, 임원변경, 본점 이전 시 준비서류 목록

법인설립과 임원변경 등이 있는 경우는 설립 또는 변경등기를 해야 한다. 이를 제때에 하지 않으면 과태료가 부과됨에 유의해야 한다. 설립 후 변경등기사항과 준비서류 목록을 살펴보자.

<table>
<tr><th>등기종류</th><th colspan="2">준비서류</th></tr>
<tr><td>설립</td><td colspan="2">1. 발기인, 청약인(감사1인), 임원 전원 각 인감도장, 인감증명서 및 주민등록등본 또는 초본 각 1통
2. 은행 잔고증명서 등</td></tr>
<tr><td rowspan="2">임원 변경</td><td>대표이사</td><td>이사 및 감사</td></tr>
<tr><td>1. 법인등기부등본 1통
2. 법인인감도장
3. 사업자등록증 사본 1통
4. 주주명부 1통
5. 사임 대표이사 인감도장과 인감증명서 1통
6. 취임 대표이사 인감도장, 인감증명서 2통, 주민등록등본 1통
7. 주식 과반수 이상 소유주주들의 인감도장과 인감증명서 1통
8. 대표이사를 제외한 1/2 이상 이사 및 감사의 인감도장, 인감증</td><td>1. 법인등기부등본 1통
2. 법인인감도장
3. 사업장등록증 사본 1통
4. 주주명부 1통
5. 사임이사(감사)의 인감도장, 인감증명서 1통
6. 취임이사(감사)의 인감도장, 인감증명서 2통, 주민등록등본 1통
7. 주식 과반수 이상 소유주주들의 인감도장과 인감증명서 1통
8. 대표이사, 다른 이사(감사)의 인감도장, 인감증명서 1통(단, 주주</td></tr>
</table>

등기종류	준비서류	
임원 변경	명서 1통(단, 주주와 임원이 중복 시는 인감도장, 인감증명서 2통) ※ 법인인감카드 준비	와 임원이 중복 시는 인감도장, 인감증명서 2통) ※ 법인인감카드 준비
본점 이전	서울에서 서울	서울에서 지방 또는 지방에서 서울
	1. 법인등기부등본 1통 2. 법인인감도장 3. 법인인감증명서 1통 4. 이사 과반수의 개인인감증명서 1통 및 개인인감도장 ※ 개인인감도장은 개인 또는 위임인 면전에서 서류를 날인 후 반환함. ※ 법인인감카드 준비	1. 법인등기부등본 1통 2. 법인인감도장 3. 법인인감증명서 1통 4. 주주명부 1통 5. 이사 과반수 개인인감도장, 인감증명서 2통 6. 주식 과반수 이상 소유주주들의 인감증명서 2통 ※ 개인인감도장은 개인 또는 위임인 면전에서 서류를 날인 후 반환함. ※ 법인인감카드 준비

심층분석 1 법인설립 및 운영 일정

법인설립 전에 검토할 사항과 설립 후에 법인이 알아둬야 할 업무처리 등을 요약해서 정리하면 다음과 같다.

1. 신설법인이 사전에 결정해야 사항 등

구분	내용	법인이 결정할 사항
1. 상호	대법원 인터넷 등기소(상호 찾기) 이용	상호 (　　　　　　　　)
2. 회사유형 선택	주식회사와 유한회사 중 결정	주식회사( ), 유한회사( )
3. 본점 소재지	1. 자택으로 할 것인지 2. 임차로 할 것인지 등 결정	자택( ) 임차( )
4. 자본금 액수	자본 규모 결정 ☞ 이론상 100원 이상도 가능	자본금 (　　　　　　　　원)
5. 주주 구성	1. 참여자 2. 지분율 등 결정	주주 (　　　　명) 주주명단 및 지분율 (　　　　,　　　　%) (　　　　,　　　　%) (　　　　,　　　　%)
6. 이사진 구성	참여자 등 결정	이사 (　　　　명) 이사명단 (　　　　) (　　　　) (　　　　)
7. 대표이사 선임	위 이사 중 선임결정	대표이사 (　　　　　　명) 대표이사명 (　　　　　　)
8. 감사 선임	감사 선임결정	감사 (　　　　　　명) 감사명 (　　　　　　)

구분	내용	법인이 결정할 사항
9. 정관 작성	1. 사업목적 결정 2. 임원 보수, 퇴직급여에 관한 사항 등 결정 3. 기타	법무사 작성(세무대리인은 세무상 쟁점 검토)
10. 설립등기	설립등기신청서에 서류 첨부	법무사 작성 및 등기신청
11. 법인설립신고 및 사업자등록 신청	법인설립신고서 등 제출	본인 또는 세무대리인

◉ 법인등기 완료 후 : 정관, 주주명부, 등기부등본, 인감, 인감카드 등을 수령하게 됨. 설립 시 발생한 비용들은 모두 법인의 비용으로 처리됨.

2. 법인설립신고 및 사업자등록

관할 세무서에 관련 서식 제출 : 본인(법인) 또는 세무대리인

3. 사업자등록 후 진행해야 할 사항

구분	내용	비고
1. 법인카드 신청	직불카드 등	법인이 신청 ※ 제출 서류는 별도 준비해야 함(카드사 문의).
2. 차량등록 명의 이전	• 명의이전 • 업무전용 보험에 가입	법인의 개별소비세가 부과되는 승용차는 모두 업무전용 보험(특약)에 가입해야 비용 처리를 할 수 있음.
3. 임직원 급여 책정	• 향후 수입 및 근로소득세와 4대 보험료 등을 고려해 적정한 급여를 책정 • 근로계약서 작성(미작성 시 과태료 있음)	세무대리인 협조 (임직원 급여와 상여 지급규정 검토)

구분	내용	비고
4. 4대보험 가입신고	임직원 채용일~14일 내	급여 수준도 신고해야 함. 가입신고는 세무대리인의 협조 가능 (직원이 많은 경우는 노무사 별도 선임)
5. 임직원 퇴직 급여 책정	퇴직연금 납입 시 비용 처리 가능하므로 이 부분은 사전에 검토해야 함.	세무대리인 협조 (임직원 퇴직급여규정 검토)
6. 법인운영 관련 브리핑	• 계약서 작성 시 주의할 사항 • 통장관리법 • 계좌 입출금 수칙 • 카드 사용지침 • 승용차 이용 관련 지침 • 각종 신고 및 결산 관련 협조할 사항 • 협회교육 등 안내	세무회계사무소 실무 담당자

카드 사용 범위 : 식사비, 교통비, 소모품비 등(유흥비 등은 가급적 개인카드를 사용, 구체적인 것은 실무자 면담을 통해 해결)

4. 법인설립 일정(20×3년 3월 1일 사업개시 가정)

구분	일정	비고
1. 법인설립등기 사전 검토 및 법무사 선정	20×3년 2월 7일	법무사(세무대리인 조력)
2. 법인설립등기 신청	20×3년 2월 8~17일	법무사 진행
3. 법인설립신고 및 사업자 등록	20×3년 2월 24일	본인 또는 세무대리인
4. 사업개시	20×3년 3월 1일	외부계약 등은 법인 명의로 진행

심층분석 2 임원상여금, 임원퇴직금(퇴직위로금 포함) 지급규정

임원상여금 지급규정

제1조 (목적)

본 규정은 정관(또는 주총, 이사회)의 결의에 의하여 임원에게 지급할 상여금에 관한 사항을 규정함을 목적으로 한다.

제2조 (임원의 정의)

본 규정에서 임원이라 함은 주주총회에서 선임되고 등기된 이사 및 감사로서 상근인 자를 말한다.

제3조 (지급방침)

상여금은 경영의 탄력성을 유지하고 임원으로 하여금 회사 발전에 관심을 갖게 하는 한편, 능률의 향상을 기할 수 있도록 지급한다.

제4조 (상여금의 산정 및 지급방법)

상여금의 산정 및 지급방법은 사원의 상여금 규정과 동일하며 다만, 필요할 시는 주주총회에서 승인을 받은 범위 내에서 대표이사가 별도로 정할 수 있다.

부 칙

이 규정은 20　년 ○○월 ○○일부터 시행한다.

임원퇴직금(위로금 포함) 지급규정

제1조【목적】

이 규정은 당사를 퇴임한 임원에 대하여 지급할 퇴직금에 관한 제반 사항을 정함으로써 퇴임 임원과 회사와의 지속적인 유대강화를 도모함을 그 목적으로 한다.

제2조【임원의 정의】

이 규정에서 임원이라 함은 주주총회에서 선임되고 등기된 이사 및 감사로서 상근인 자를 말한다.

제3조【지급사유】

임원에 대한 퇴직금은 다음 각 호에 해당하는 사유가 발생하였을 때 지급한다.

1. 임기만료 퇴임
2. 사임
3. 제임 중 사망
4. 기타 이에 준하는 사유로 면직할 경우

제4조【근속연수의 계산】

근속연수의 계산은 다음 각 호에 의한다.

1. 6월 이상 1년 미만은 1년으로 한다.
2. 6월 미만의 경우에는 1년분에 대한 지급률의 2분의 1을 적용한다.
3. 재직 중 사망으로 퇴직한 경우 1년 미만은 1년으로 한다.

제5조【퇴직금】

① 임원이 퇴직하였을 때에는 다음에서 정한 임원의 퇴직금 지급률표에 의하여 산출한 금액을 퇴직금으로 지급한다.

직위	지급률*
대표이사 회장	재임 매 1년에 대하여 월급여액의 5개월분 이내
대표이사 사장	재임 매 1년에 대하여 월급여액의 4개월분 이내
이사부사장, 전무이사	재임 매 1년에 대하여 월급여액의 3개월분 이내
상무이사, 이사, 상임감사	재임 매 1년에 대하여 월급여액의 2.5개월분 이내

② ①항에 의하여 결정된 퇴직급여는 매년 퇴직연금(DC형)으로 납입할 수 있다.

③ 임원이 연임되었을 경우 퇴직으로 보지 아니하고 연임기간을 합산하여 현실적으로 퇴직하였을 때에 퇴직금을 계산 지급한다.

제6조【퇴직금 지급의 특례】

① 업무상 부상 또는 질병으로 퇴직하거나 순직으로 퇴직한 자에 대하여는 전조에 불구하고 다음 각 호에 해당하는 지급률 범위 내에서 퇴직금을 가산 지급할 수 있다.

1. 업무상 부상 또는 질병으로 퇴직한 자 : 지급기준률의 30%
2. 순직으로 퇴직한 자 : 지급기준률의 100%

② 순직 이외의 사망으로 인한 퇴직 시 근속연수가 10년 미만인 자에게는 퇴직 당시 본봉의 3개월분을, 근속연수가 10년 이상인 자에게는 본봉의 5개월분을 각각 가산하여 퇴직금을 지급할 수 있다.

③ 업무와 관련하여 고의 또는 중대한 과실에 의한 불법행위로 금고 이상의 형을 받거나 회사의 명예나 신용을 훼손하

거나 손실을 초래하는 귀책 사유로 인하여 파면, 면직요구, 해임권고 또는 징계면직 상당의 결정통보를 받은 자에 대하여는 퇴직금을 감액 또는 지급하지 아니한다.

제7조【특별공로금】

① 재임 중 특별한 공로가 있는 임원에 대하여는 특별공로금을 포함한 퇴직금의 지급을 주주총회에서 결정할 수 있다.

② 임원 퇴직금에 관하여 따로 그 지급액을 결정하는 경우에는 이 규정을 적용하지 아니한다.

부 칙

제1조【 시행일】

이 규정은 20 년 ○○월 ○○일부터 시행한다.

법인세법상 퇴직급여 한도는 정관에서 규정한 것을 모두 인정한다. 따라서 위에서 본 '5배수' 등도 문제가 없다. 다만, 이를 퇴직급여에 대하여 퇴직소득세를 과세할 때는 소득세법상 퇴직소득은 '2배수'를 적용하므로 이때 이를 초과한 퇴직급여에 대하여는 근로소득세가 부과된다는 점에 유의하여야 한다. 참고로 퇴직급여는 퇴직 시 일시금으로 지급할 때 비용 처리를 할 수 있으나, 매년 퇴직연금(DC형)으로 납입한 경우는 매년 비용 처리를 할 수 있다. 따라서 임직원들도 퇴직연금제도를 적극적으로 이용하는 것이 좋을 것으로 보인다.

비상근 임원 보수 지급규정[10]

10) 회사 운영 관련 각종 서식은 저자의 카페(신방수세무아카데미, 네이버)를 참조하기 바란다.

심층분석 3 신설법인의 세무 플로우

법인을 설립한 후에는 본격적으로 사업을 시작하게 된다. 이때 다양한 세무관계가 발생한다. 다음에서 대략적인 내용을 정리해보자.

1. 세무 플로우

<table>
<tr><th>절차</th><th>내용</th></tr>
<tr><td>▼</td><td></td></tr>
<tr><td>법인설립 신고 및 사업자등록</td><td>• 본점 소재지 관할 세무서에 제출
※ 사업자등록 전 인허가 사업 확인방법
국세청 홈택스 홈페이지의 〈사업자등록 → 사업자등록신청/정정 등 → 사업자등록증신청(법인)〉에 들어간 다음 업종 선택에서 업종입력/수정을 클릭한 후 업종코드에서 해당 업종을 찾아 검색하면 인허가 업종인지 여부를 확인할 수 있음.</td></tr>
<tr><td>▼</td><td></td></tr>
<tr><td>4대보험료 가입</td><td>• 채용일로부터 14일 이내에 관할 공단에 신고</td></tr>
<tr><td>▼</td><td></td></tr>
<tr><td>원천세 신고</td><td>• 임직원에 대한 급여
• 사업소득, 이자소득 지급 시 등</td></tr>
<tr><td>▼</td><td></td></tr>
<tr><td>부가가치세 신고</td><td>
<table>
<tr><th>구분</th><th colspan="2">과세대상기간</th><th>신고·납부기간</th></tr>
<tr><td rowspan="2">제1기
1. 1 ~ 6. 30</td><td>예정신고</td><td>1. 1 ~ 3. 31</td><td>4. 1 ~ 4. 25</td></tr>
<tr><td>확정신고</td><td>4. 1 ~ 6. 30</td><td>7. 1 ~ 7. 25</td></tr>
<tr><td rowspan="2">제2기
7. 1 ~ 12. 31</td><td>예정신고</td><td>7. 1 ~ 9. 30</td><td>10. 1 ~ 10. 25</td></tr>
<tr><td>확정신고</td><td>10. 1 ~ 12. 31</td><td>다음 해
1. 1 ~ 1. 25</td></tr>
</table>
☞ 개인 중 일반과세자는 연간 2회, 간이과세자는 1회만 신고 및 납부</td></tr>
</table>

▼

법인세 신고	• 12월 말 법인인 경우는 다음 해 3월 말일까지 신고 및 납부해야 함. • 최초 법인세 신고 시 과세당국에 신고해야 할 것들 : 감가상각방법, 재고자산평가방법 등

2. 신설 가족법인이 주의해야 할 세무리스크

1인 법인이나 가족법인은 1인 이상의 주주가 참여하고, 그중 일부나 전부가 이사가 되어 회사를 운영하게 된다. 그 결과 그들 간에 담합 등이 가능해 조세회피 행위가 많이 발생할 가능성이 높다. 이에 세법 등은 각종 규제장치를 두고 있다. 따라서 가족법인을 만들거나 운영할 때는 다음과 같은 리스크들에 주의해야 한다.

1) 자금 관련 리스크

- 법인의 자금은 법인 계좌를 통해 입출금되어야 하는 것이 원칙이다.
- 법인에 자금을 빌려주는 것은 차입금으로 기록되어야 한다.
- 법인의 자금을 업무와 무관하게 대여받으면 업무무관 가지급금으로 분류되어 세법상의 이자(4.6%)를 법인의 수익으로 보게 되고, 이 금액을 자금 사용자의 상여로 본다.

2) 인건비 관련 리스크

- 임원과 직원에게 급여를 지급할 때에는 공통적으로 '근로를 했음'을 입증할 수 있어야 한다.
- 임원의 급여는 주주총회에서 결정된 한도 내에서 지급되어야 하며, 상여와 퇴직급여는 정관·주주총회·이사회에서 결정된 지급

기준에 따라 지급되어야 한다. 여기에서 정해진 한도를 초과하면 그 초과분은 비용으로 인정받지 못한다.

3) 기타 비용지출 관련 리스크

- 인건비 외 소소한 비용은 업무 관련성만 있다면 비용으로 인정된다.
- 다만, 다음과 같은 경우는 한도가 있다.
  - 기업업무추진비 : 연간 3,600만 원이 기본한도임.
  - 업무용 승용차비용 : 연간 1,500만 원이 기본한도임.
  - 감가상각비 : 세법에서 정한 금액 등

▶ 참고로 설립 전에 발생한 업무 관련 비용들은 모두 비용으로 인정된다.

4) 법인세 등 신고 관련 리스크

- 법인은 매월 원천세, 분기별 부가가치세, 매년 법인세 등을 기한 내에 신고 및 납부해야 한다. 이 업무를 제대로 이행하지 않으면 가산세가 부과된다.
- 원천세를 신고한 후에는 지급에 관련된 명세서를 법이 정한 기한 내에 제출해야 한다. 이를 누락하면 막대한 가산세 제재가 뒤따른다.

5) 주주 관련 리스크

- 주식을 보유할 때는 주주 관련 증여세 과세 등에 유의해야 한다.
- 상속이나 증여 또는 매매 등에 의해 주식이 이동되면 반드시 세법상 주식평가를 해야 한다.
- 매매 등에 의해 주주나 지분이 변동하면 그에 대한 신고를 정확히

하는 한편, 주식변동상황명세서를 제때 제출해야 한다. 이를 위반시 막대한 가산세(1%)가 부과된다.

Tip 2024년 기업 관련 개정세법

구분		종전	개정
1. 법인세	법인세율 인하 및 과세표준 구간 조정	10~25%(4단계)	9~24%
	국내자회사 배당금 이중과세 조정 합리화이중과세	기업형태 및 지분율에 따라 30~100% 익금불산입	지분율에 따라 30~100% 익금불산입 단순화
	이월결손금 공제한도 상향	일반법인 등 60%	80%
	법인차량 번호판 색 변경	-	연두색 (8,000만 원 이상 시)
2. 소득세	소득세율 과세표준 구간 조정	6~45%(8단계)	좌동(단, 6~24% 과세표준 구간 일부 조정)
	식대 비과세 한도 확대	10만 원	20만 원
	자녀 보육 수당 비과세 한도 확대	10만 원	20만 원
	상용근로소득 간이지급명세서 제출	반기별	좌동(2026년 이후 매월), 기타소득은 2024년부터 매월
	퇴직소득세 근속연수 공제액 확대	30만 원×근속연수 등	100만 원×근속연수 등
	양도세 대주주 기준 완화(코스피, 코스닥, 코넥스에 한함)	• 지분율 : 1%, 2%, 4% • 보유금액 : 10억 원 • 본인 및 기타주주 합산	• 지분율 : 좌동 • 보유금액 : 50억 원 (비상장은 10억 원) • 본인 것만 합산(단, 최대주주는 합산원칙)
	금융 투자 소득세 시행일 연기	2023. 1. 1	2025. 1. 1

구분		종전	개정
3. 조특법	통합고용세액공제 신설	고용증대세액공제, 사회보험료 세액공제 등 별개로 시행	이를 통합해 기본공제와 추가공제로 적용
	임시투자세액공제 연장	중소기업 최대 22% 세액공제	2023년 말에서 2024년 말 연장될 예정이었으나 시행되지 않음.
	근로소득증대세제 재설계	3년 평균임금 증가율 초과 임금증가분 × 공제율 (중소 20%, 중견 10%, 대 5%)	• 대기업 제외
	스톡옵션 세제지원 강화	비과세 한도 : 연 5,000만 원	• 2억 원 • 누적한도 신설 : 5억 원
4. 상증법	가업상속공제 적용대상 및 한도 확대 등	• 중소기업, 매출액 4,000억 원 미만의 중견기업 대상 • 200~500억 원 상속공제	• 중소기업, 매출액 5,000억 원 미만의 중견기업으로 확대 • 300~600억 원 상속공제 확대
	가업승계 증여세 과세특례 세율 완화 등	• 10억 원 공제 • 60억 원 초과분 20% • 연부연납 5년	• 좌동 • 120억 원 20% • 15년
	주식 할증과세 대상 축소	중소기업 주식은 할증평가 면제	요건 충족한 중견기업으로 확대

제 3 장

가족법인의 자금 운용법

01

가족법인의 자금 조달과 세무상 쟁점

가족법인이 운영되기 위해서는 기본적으로 자금 조달이 원활해야 한다. 자금 조달이 되지 않으면 법인 자체를 운영하기 힘들기 때문이다. 그렇다면 법인의 자금 조달방법에는 어떤 것들이 있을까? 그리고 자금 조달방법에 따른 세무상 쟁점은 무엇일까?

1. 자본금

자본금은 일반적으로 회사설립 시 사업의 밑천으로 주주들이 낸 돈을 말한다. 주주들은 이를 출자함으로써 주식을 보유하게 된다.

1) 설립 시

법인을 설립하면서 주식을 인수한 발기인들은 주금을 납입해야 한다.

제305조(주식에 대한 납입)
① 회사설립 시에 발행하는 주식의 총수가 인수된 때에는 발기인은 지체없이 주식인 수인에 대하여 각 주식에 대한 인수가액의 전액을 납입시켜야 한다.
② 전항의 납입은 주식청약서에 기재한 납입장소에서 하여야 한다.

법인을 설립한 후 해당 금액을 무단으로 인출하면 이는 가장납입에 해당되어 상법(벌과금) 및 세법(가지급금)상 규제를 받게 된다.

2) 사업연도 중

사업연도 중에 언제든지 자본금을 증자할 수 있다.

제416조(발행사항의 결정)
회사가 그 성립 후에 주식을 발행하는 경우에는 다음의 사항으로서 정관에 규정이 없는 것은 이사회가 결정한다. 다만, 이 법에 다른 규정이 있거나 정관으로 주주총회에서 결정하기로 정한 경우에는 그러하지 아니하다.
1. 신주의 종류와 수
2. 신주의 발행가액과 납입기일

증자할 때는 상법에서 정하는 절차를 따라야 한다. 한편 세법은 특정 주주가 신주인수권을 포기해서 다른 주주가 이를 인수하면 증여세를 과세하는 경우가 많다.

2. 잉여금

가족법인이 차입금이 아닌 자력으로 자금을 조달하는 방법 중 하나가 바로 잉여금이다. 이는 사업을 통해 벌어들인 이익을 의미한다. 다만, 가족법인과 특수관계에 있는 개인(부모 등)이 현금을 증여한 경우도 있다.

1) 사업잉여금

일반적으로 법인의 당기순이익은 수익(매출)에서 비용(법인세비용 포함)을 차감해서 계산한다. 그런데 이 이익은 회계상 이익으로 현금상의 이익과는 차이가 있다. 다만, 현금상의 이익은 당기순이익을 밑바탕으로 하기 때문에 현금상의 이익을 크게 하기 위해서는 이익을 많이 내는 것이 중요하다.

▶ 실무에서 보면 수익과 비용의 처리방법에 대해 많은 규제장치가 있다.

2) 상속·증여 등

개인이 법인에 상속이나 증여를 하게 되면 법인은 수익이 발생하는 한편 현금 등이 유입된다.

(차변) 현금 등 ××× (대변) 자산수증익 ×××

▶ 법인이 획득한 수익에 대해서는 법인세가 부과되는 한편, 증여자와 법인의 주주가 특수관계에 있는 경우 이차적으로 주주에게 증여세가 과세될 수 있다. 상속의 경우에도 주주에게 상속세가 추가될 수 있다.

3. 차입금

가족법인이 자본금이나 잉여금이 부족하면 필연적으로 차입금(부채)을 이용할 수밖에 없다. 이런 차입금은 크게 은행 등 금융권과 기타로 구분할 수 있다.

1) 은행 차입금

은행 차입금의 조달과 이에 대한 이자지급에 대해서는 쟁점이 없다.

▶ 은행 차입금에 대한 이자는 법인의 비용에 해당하나 해당 이자가 업무와 관련성이 있어야 한다. 이에 대한 입증책임은 법인에 있다.

Q 개인자산을 담보대출 받아 이를 법인자금으로 활용한 경우 어떤 식으로 처리를 해야 할까?

법인의 자금으로 사용되었다면 법인의 차입금으로 분류하고, 이에 대한 이자는 비용으로 처리하는 것이 옳다.

2) 은행 외의 차입금

가족법인의 통장에 현금이 없는 상황에서 대출이 여의치 않으면 필연적으로 개인자금을 사용할 수밖에 없다. 이런 개인자금도 차입금(부채)에 해당하며, 실무적으로 이를 '가수금'으로 부르기도 한다.

▶ 실무에서 보면 '가수금'과 관련해 다양한 세무이슈들이 발생한다. 예를 들면 가수금 관리는 어떻게 하는 것인지, 이자를 지급해야 하는 것인지 등이 그렇다.

Tip 투자금 대가에 대한 배당처리

제삼자가 법인에 투자해서 그에 대한 대가를 받은 경우가 있다. 이때 투자원금과 이에 대한 세무처리는 다음과 같이 한다.

1. 투자원금

   주주가 아닌 이상 투자원금은 법인의 부채에 해당한다. 따라서 부채로 장부에 계상한다.

2. 투자금에 대한 대가

   투자금에 대한 대가는 이자소득(비영업대금이익)으로 보아 원천징수(27.5%)를 해야 한다.

02

자금의 사용과 세무상 쟁점

법인의 자산 중에서 현금이나 보통예금 등의 현금성 자산은 자칫 무분별하게 사용될 수 있으므로 세법은 이를 엄격히 규제한다. 물론 자재대를 지급하거나 임직원들에 대한 급여를 지급하는 경우 등 사업과 관련된 정상적인 지출은 문제가 거의 없다. 다음에서는 가족법인의 자금을 둘러싼 세무상 쟁점에 대해 알아보자.

1. 가족법인의 자금 사용과 세무상 쟁점

가족법인들은 자금 사용 시 다음과 같은 내용에 주의해야 한다.

첫째, 사적인 지출을 주의해야 한다.

회사의 돈을 개인이 자유롭게 쓰는 것은 문제가 있다. 현실적으로 회사의 경비를 사용하는 주체가 사람이다 보니 기업회계기준이나 세법에 위배가 되게 집행할 가능성이 높다. 따라서 세법은 모든 비용[11]항목을 대상으로 과다지출되거나 부당지출되는 유형에 대해서는 한도초과분이나 지출비용 자체를 인정하지 않는다.

⊙ 이런 지출유형들에 대해서는 비용지출 전에 집행기준을 둬서 사전에 세무상 문제점을 관리하는 것이 필요하다.

계정과목	내용
인건비	• 임원의 급여는 주주총회에서 한도를 정한 후 이사회에서 구체적인 기준으로 세워 지급하는 것이 일반적이다. • 임원의 상여는 정관·주주총회·이사회결의에서 정한 기준을 초과하지 않도록 한다. • 임원의 퇴직급여는 정관(위임규정 포함)에서 정한 금액보다 초과하지 않도록 한다.
기업업무추진비	• 자기 회사에 맞는 기업업무추진비(접대비) 한도액을 책정한다. • 3만 원 초과 지출분은 반드시 법인신용카드를 사용한다. • 개인사용 기업업무추진비를 지출하지 않는다.
복리후생비	복리후생비를 과다하게 지출하지 않는다.
업무무관비용	업무와 관련이 없는 자산에 대한 유지비용은 지출하지 않도록 한다.

둘째, 지출근거를 확보해야 한다.

지출 시에는 반드시 지급근거를 남겨둬야 한다. 내부규정 및 지출품의서뿐만 아니라 정규영수증을 제대로 갖춰야 한다. 법인세법은 법인의 모든 거래에 대해 법인이 이를 입증하도록 다음과 같은 통칙을 두고 있다.

11) 비용은 일반적으로 용인되는 통상적인 것에 해당해야 하고 수익과 관련성이 있어야 한다.

※ 법인세법 기본통칙 4-0…2 [법인의 거증책임]

법인세의 납세의무가 있는 법인은 모든 거래에 대하여 거래증빙과 지급규정, 사규 등의 객관적인 자료에 의하여 이를 당해 법인에 귀속시키는 것이 정당함을 입증해야 한다. 다만, 사회통념상 부득이하다고 인정되는 범위 내의 비용과 당해 법인의 내부통제기능을 감안하여 인정할 수 있는 범위 내의 지출은 그러하지 아니한다.

셋째, 임원 관련 경비의 과다·부당지출을 금지해야 한다.

임원들에게 지급되는 것들은 과다지급 및 부당지급이 되지 않도록 한다. 세법은 해당 지출이 업무와 관련성이 있다고 하더라도 해당 지출이 과도한 경우에는 임직원을 불문하고 이를 비용으로 인정하지 않는다. 임원 과다 인건비가 대표적이다.

2. 적용 사례

K법인은 다음과 같은 지출을 했다. 어떤 문제점이 있을까?

구분	항목	내용
①	인건비	임원의 상여를 지급했음.
②	기업업무추진비	사적으로 지출함.
③	복리후생비	개인카드를 사용했음.
④	외주비	가공비에 해당함.
⑤	대표이사 인출	근거 없음.

이 질문에 맞춰 순차적으로 답을 찾아보면 다음과 같다.

• 앞 ①의 경우

임원이 상여를 자의적으로 지급받는 것을 방지하기 위해 주주총회 등에서 정한 것을 한도로 하고 있다. 그리고 이를 초과해서 집행한 상여금은 세법상 비용(손금)으로 인정하지 않는다(손금불산입[12]).

임원에게 지급되는 보수나 임원이 주로 사용하는 자금들은 회사 등의 보호차원에서 세법이 강력하게 규제하고 있음에 유의해야 한다.

• 앞 ②의 경우

개인이 부담해야 할 성질의 것을 회사가 대신 부담한 경우에는 다음처럼 검토해야 한다.

- 비용지출 인정 여부 → 회사의 자금이 비용으로 유출되었으므로 이 부분이 세법상 비용에 해당하는지를 별도 검토해야 한다.
- 개인의 소득에 해당 여부 → 개인의 소득에 해당하면 개인에게 소득세가 부과된다.

사례의 경우 회사의 자금을 개인적으로 유용한 경우에는 업무와 무관하므로 전액 손금불산입하고 해당 금액은 사용자의 소득으로 보게 된다.

• 앞 ③의 경우

법인회사가 비용을 지출할 때는 원칙적으로 법인카드를 사용하는 것이 원칙이나 기업업무추진비를 제외한 비용은 개인카드를 사용해도 세법상 문제가 없다. 따라서 사례의 경우 복리후생비는 비용으로 인정된다.

---

12) 세법상 손금으로 인정되지 않을 때 사용하는 용어에 해당한다.

• 앞 ④의 경우

가공비용을 추가해서 세금과 당기순이익을 줄이려는 불법행위에 해당한다. 참고로 이 외주가공비에 해당하는 자금을 유출하면 이는 범죄행위가 된다(횡령·배임 등에 해당할 수 있음).

가공비용을 계상해서 자금을 인출하는 행위 등은 탈세행위에 해당한다. 그 금액이 큰 경우에는 회사에 큰 손실을 안겨주는 경우가 많으므로 주의해야 한다.

• 앞 ⑤의 경우

대표이사가 근거 없이(업무와 관계없이) 인출한 돈은 '가지급금'으로 분류해 세법상 불이익(4.6% 상당액의 이자를 법인의 익금으로 보는 한편 해당 금액을 상여 등으로 처분)을 준다.

03

대표이사 가지급금 세무관리법

가지급금은 업무와 관련 없이 인출한 자금을 말한다. 그런데 이런 가지급금은 회계처리의 불투명성에 기인한 경우가 많다. 회계처리가 투명한 경우에는 미결산계정과목이 잘 발생하지 않기 때문이다. 이렇듯 가지급금 등 자체가 회계처리의 불투명성을 내포하고 있기 때문에 세법은 이를 규제하는 측면에서 다양한 제도를 두고 있다. 다음에서는 사례를 통해 가지급금에 대한 세무상 쟁점 등을 알아보자.

1. 가지급금 발생원인과 이를 없애는 방법

가지급금 이자가 익금산입되고 상여처분되면 법인세와 근로소득세가 크게 증가하는 위험이 있다. 따라서 회사의 세무리스크를 높이는 역할을 하므로 이 금액이 발생하지 않도록 하는 것이 가장 좋다.

1) 가지급금의 발생원인

가지급금은 크게 업무와 관련이 있는 경우와 없는 경우로 구분된다. 이 중 업무와 관련이 없는 가지급금이 문제가 된다. 업무무관 가지급금의 발생원인은 다음과 같다.

- 증빙수취 없이 회사의 자금을 무분별하게 인출하는 경우
- 리베이트 대가를 지급하는 경우 등

참고로 다음의 경우에는 업무무관 가지급금으로 보지 않는다.

① 미지급소득(배당소득, 상여금)에 대한 소득세 대납액
② 내국법인이 국외 투자 법인에 종사하거나 종사할 자에게 여비·급료·기타 비용을 가지급한 금액
③ 우리사주조합 또는 그 직원에게 당해 법인의 주식 취득에 소요되는 자금을 가지급한 금액
④ 국민연금법에 의해 근로자가 지급받은 것으로 보는 퇴직급여전환금
⑤ 사외로 유출된 금액의 귀속이 불분명해서 대표자에게 상여처분한 금액에 대한 소득세를 법인이 납부하고 가지급금으로 계상한 금액
⑥ 직원에게 월정급여액 범위 안의 일시적 급료가불금
⑦ 직원에 대한 경조사비의 대여액
⑧ 직원(자녀 포함)에 대한 학자금의 대여액

2) 실무상 가지급금을 없애는 방법

실무적으로 가지급금을 없애는 방법을 정리하면 다음과 같다.

첫째, 가지급금에 해당금액을 입금시키는 방법이다.

가지급금은 대표이사가 차입한 금액이므로 그에 해당하는 금액을 전액 입금을 시키면 가지급금이 없어진다. 참고로 대표이사가 입금시킨 금액은 가수금이라고 하며, 이 가지급금과 상계해서 재무제표에 보고된다.

• 가지급금을 입금하는 경우

(차변) 현금 1억 원 (대변) 가지급금 1억 원

둘째, 배당금과 상계하는 방법이다.

배당금과 상계하면 가지급금이 없어진다. 이에 대한 가지급금을 해당 주주가 이미 현금으로 가지고 간 것과 같은 효과가 발생한다.

• 가지급금을 배당금과 상계하는 경우(이익준비금은 없다고 가정)

(차변) 배당금 1억 원 (대변) 가지급금 1억 원

셋째, 퇴직금과 상계하는 방법이다.

앞의 두 번째와 같은 원리에 해당한다. 즉, 일단 현금으로 퇴직금을 지급한 후 가지급금을 상환하는 것을 의미한다.

• 가지급금을 퇴직금과 상계하는 경우(이익준비금은 없다고 가정)

(차변) 퇴직금 1억 원 (대변) 가지급금 1억 원

▶ 이 외에도 좀 어렵지만, 자기주식으로 처리하는 방법이 있다. 이 방법은 가지급금이 있는 대표이사가 보유한 주식을 해당 법인에 매도한 후 받은 돈으로 가지급금을 갚는 방법을 말한다. 이 경우 법인과 대표이사인

주주의 입장에서 어떤 세금문제가 있는지 정리하면 다음과 같다.

① 법인

자기주식을 법인이 취득하면 자기주식이라는 자본조정(자본의 차감계정)이 생기고 현금이 유출된다.

(차변) 자기주식 ××× (대변) 현금 ×××

(자본의 차감계정)

② 주주

주식을 법인에 판 개인은 주식이 없어지는 대신에 현금을 받게 된다. 따라서 자기가 매매해서 얻은 차익이 발생하면 이에 대해서는 양도소득세를 내는 것이 원칙이다. 다만, 세법은 법인이 취득한 주식을 소각(불태워 없애는 것)한 경우에는 배당소득으로 과세한다.

2. 적용 사례

K회사의 12월 31일 기준 현재 재무상태표의 일부항목 현황이 다음과 같다. 물음에 맞게 답해보자.

구분		금액	비고
자산	유동자산	10억 원	• 업무무관 가지급금 3억 원 포함함. • 가지급금 미수이자는 계상하지 않았음.
	비유동자산		

Q 가지급금이 발생하는 이유는 무엇일까?

가지급금은 회사의 자금이 유출되었지만, 거래의 내용이 불분명하거나 거래 과정이 확정되지 않았을 때 사용하는 임시계정과목을 의미한다. 일반적으로 사적으로 회사의 자금을 사용하면 가지급금의 규모가 늘어난다. 이런 가지급금은 결산 시 그 내역을 확인해 적정한 계정과목으로 대체해야 한다. 예를 들어 대표이사에게 대여한 경우라면 '주주임원종업원단기대여금'으로 대체한다.

Q 가지급금에 대한 세법상의 세 가지 불이익 내용은 무엇일까?

세법은 가지급금이 업무와 관련해 발생한 경우에는 정당한 것으로 보아 규제하지 않는다. 예를 들어 급여가불 등이 그렇다. 하지만 회사의 자금이 해당 회사와 특수관계에 있는 자(임직원, 주주, 관계회사 등)에게 대여되면, 이를 업무무관 가지급금으로 봐서 ① 세법상 인정이자(4.6%)만큼 법인의 익금으로 처리하고 해당 금액을 대표이사 등의 상여로 처분한다. 이 외에도 ② 가지급금을 업무무관자산으로 봐서 지급이자 손금불산입 규정을 추가로 적용한다. 또한, 이런 가지급금은 ③ 대손금으로 인정받을 수 없다.

Q K회사가 안고 있는 세법상의 문제점은?

K회사의 유동자산에는 업무무관 가지급금 3억 원이 포함되어 있다. 그런데 업무무관 가지급금에 대해서는 세법상 인정이자를 계산해서 결산 시 반영하거나 세무조정을 통해 해당 이자만큼 익금산입하고 상여로 처분하는 식으로 세무처리를 해야 한다. 그 결과 법인과 개인의 세금이 증가할 가능성이 높다. 물론 지급이자에 대한 손금불산입 세무처

리도 병행해야 한다. 만일 이런 업무처리를 하지 않은 경우는 사후검증에 의해 해명을 해야 하는 상황이 발생할 수도 있다.

Tip 대여금 약정서

대여금 약정서

'갑' 법인명 : 주식회사
(대여인) 주소 :
대표이사 :
사업자등록번호 :
'을' 성명 :
(차입인) 주소 :
주민등록번호 :

1. 대여금액 : 금 원정(₩)
2. 대여목적 : 일시대여금( )
3. 대여일자 : 년 월 일
4. 상환일자 : 년 월 일(단, 사정에 따라 금액 분할 및 날짜를 합의하여 변경할 수 있다.)
5. 대여금이자 : 매년 정기예금 이자율에 의하여 '갑' 는 '을' ( )에게 지급하여야 한다(단, 사정에 따라 지급률을 변경 및 유보할 수 있다).

상기와 같이 '갑'( )는 '을'( )에게 (금 원정)을 대여하고 상기 사항을 준수하여 상환할 것을 약정함.

20 년 월 일

'갑' 주식회사
(대여인) 대표이사 ㊞
'을' 성명 ㊞
(차입인)

04

개인 차입금(가수금) 세무관리법

가수금은 법인 계좌로 입금되었지만, 그 내역이 밝혀지지 않았을 때 사용하는 임시계정과목에 해당한다. 이 역시 결산 시 적정한 계정과목으로 대체된다. 이 중 대표이사 등으로부터 입금된 돈은 통상 차입금으로 대체되는 것이 일반적이다. 다음에서 가수금과 관련된 세무상 쟁점 등을 알아보자.

1. 가수금(개인 차입금) 관련 세무관리법

가족법인의 자본금이 소규모에 해당하므로 평소에 운영 자금이 부족한 경우가 많다. 이에 따라 주주나 대표이사 등 개인의 자금을 많이 사용하게 되는데, 이때 이런 자금을 실무상 '가수금'이라고 한다. 다음에서 이에 대한 관리법을 알아보자.

1) 차입약정서 작성

가수금은 차입금으로 인정되어야 하므로 실제 자금 유입이 되었다면 가급적 차입약정서를 작성해 투명성을 확보하는 것이 좋다.

참고로 가수금에 대한 이자는 지급하지 않아도 되지만, 지급할 때는 부당행위계산부인제도가 적용되지 않도록 당좌대출이자율(4.6%)을 고려해서 지급하는 것이 좋다.

<차입약정서 샘플>

- 상환방법 :
- 상환기간 :
- 이자지급일 :
- 이자지급율 : 4.6% 이하(무이자도 상관없음)

2) 이자지급 시의 원천징수

법인이 대표이사 등에게 이자를 지급한 경우에는 원천징수의무가 있나는 점에 유의해야 한다(27.5%). 그렇다면 대표이사 등이 이자를 받지 않는 방식으로 차입하면 이 경우에는 문제가 없을까?

소득세법 제41조에서는 배당소득, 사업소득 또는 기타소득에 대해서만 부당행위계산의 부인제도를 적용하도록 하고 있다. 따라서 무이자로 자금대여를 하더라도 이자소득에 대해서는 이 규정을 적용하지 않으므로 무이자방식의 차입을 적극적으로 검토하는 것이 좋다(단, 무이자의 경우 주주에게 증여세 과세문제가 발생할 수 있음).

3) 가수금의 자본전입

대표이사로부터 차입한 가수금(일종의 차입금)은 상법[13]상 자본에 전입할 수 있다.

(차변) 차입금 1,000만 원 (대변) 자본금 1,000만 원

다만, 이때 대표자의 가수금을 자본전입하고 신주를 발행할 경우 대표자의 주식 비율만 증가해서 불균등 증자가 될 수 있으므로 미리 이에 대한 세무리스크를 검토해야 한다.

2. 적용 사례

수원에서 중소회사를 운영하는 박만복 사장은 자신의 회사가 자금조달에 애로가 있자 본인이 가지고 있는 집을 담보로 대출금 1억 원을 받아 이 중 5,000만 원은 회사의 계좌에 입금시키고 나머지 돈은 거래처의 외상대를 갚는 데 사용했다. 이후 자금회전이 원활히 진행되어 1억 원을 은행에 갚았다. 이 경우 회계처리 및 세무상 문제점은 없는가?

주어진 물음에 따라 회계처리와 세무상 문제점을 아울러 살펴보면 다음과 같다.

1) 입금 시

박 사장이 회사에 입금한 1억 원은 회사의 입장에서는 차입금에 해

13) 상법 제421조와 관련이 있다.

당한다. 따라서 다음과 같이 회계처리를 하게 된다.

(차변) 현금 1억 원 / (대변) 차입금 1억 원

(차변) 외상매입금 5,000만 원 / (대변) 현금 5,000만 원

차입금 1억 원 중 5,000만 원은 입금과 동시에 출금된 것으로 회계처리한다.

참고로 대표이사가 돈을 수시로 입금하는 경우에는 차입금보다는 가수금(假受金)이란 계정을 사용하며 결산 때 이를 차입금으로 대체하는 것이 일반적이다.

2) 이자 지급 시

해당 회사가 1억 원에 대한 이자를 은행에 지급하는 경우에는 원천징수 없이 바로 이자를 입금시키면 문제가 없다.

참고로 대표이사에게 빌린 돈에 대해 이자를 지급하면 해당 회사는 지급한 이자금액의 25%(지방소득세 포함 시 27.5%) 상당액을 원천징수해야 한다. 대표이사의 입장에서는 비영업대금이익을 받은 것으로 보아 높은 원천징수세율이 적용된다.

3) 원금 상환 시

차입금을 상환하는 경우에는 다음과 같이 회계처리를 진행한다.

(차변) 차입금 1억 원 / (대변) 현금 1억 원

05

가족법인의 카드관리법

회사에서 지출하는 비용 중 세금계산서를 받기가 힘든 경우가 많다. 이때에는 신용카드나 현금영수증 제도를 이용하면 여러 면에서 유리하다. 하지만 기업업무추진비 같은 지출을 할 때는 좀 더 주의를 기울여야 불이익을 받지 않는다. 다음에서는 올바른 신용카드 사용법에 대해 알아보자.

1. 신용카드의 역할

원래 신용카드는 대금결제의 기능만 있는 것이지, 세금계산서처럼 거래사실을 입증하는 효력은 약하다. 하지만 전산의 발달로 인해 신용카드의 사용내역이 그대로 과세당국에 포착되고, 거래사실을 명확히 할 수 있다는 점에서 정규영수증의 하나로 인정하기에 이르렀다. 결국, 신용카드는 과세당국의 입장에서 보면 세원의 투명성 파악 그리고 납세의무자 입장에서 보면 거래사실의 입증에 많은 영향을 끼치고 있다.

2. 세법상 인정되는 신용카드의 범위

세법상 인정되는 신용카드에는 어떤 것들이 있는지 살펴보자.

구분	내용	인정 여부
법인카드	법인카드는 법인 명의로 되어 있는 카드를 말함.	○
법인개별카드	신용카드에 법인 명의와 직원 개인 명의가 함께 기재된 카드를 말함. 결제대금은 개인계좌에서 결제되나, 법인이 연대해 책임을 짐.	○
직불카드	재화나 용역의 제공과 그 대가의 지급을 동시에 할 수 있는 카드	○
백화점카드	백화점운용사업자가 발행해 금융기관을 통해 이용대금을 결제하는 카드	○
선불카드	신용카드업자가 대금을 미리 받고 이에 상당하는 금액 범위 내에서 재화나 용역서비스를 받을 수 있는 카드	기명식 : ○ 무기명식 : ×
포인트카드	사용실적에 따라 사은품지급을 위해 발행된 카드	×
임직원 개인카드	임직원 개인 명의로 발행된 카드	다음 내용 참조

임직원 명의의 개인카드는 원칙적으로 업무와 관련성이 있다면 금액의 크기와 관계없이 비용 처리를 할 수도 있고, 부가가치세도 환급이 가능하다. 다만, 기업업무추진비(접대비)의 경우 3만 원 초과분에 대해서는 임직원의 명의로 된 영수증은 전액 경비로 인정을 받을 수 없음에 유의하자. 따라서 이 금액을 초과하면 무조건 법인카드를 사용해야 한다.

한편 기타 사무용품을 사면서 불가피하게 개인카드를 사용하는 경우에는 적법하게 비용 처리를 할 수 있다. 그리고 이때 발생한 부가가치세도 환급받을 수 있다. 참고로 앞의 개인카드 사용분은 연말정산 신용카드 소득공제액에서 제외되어야 한다. 지출결의서를 모아 연말에 이를 반영하는 식으로 관리하는 것이 좋을 것으로 보인다.

3. 신용카드 사용법

신용카드는 거래증빙의 수단이 되는 동시에 가장 확실한 대금결제수단이 된다. 따라서 세금계산서나 계산서를 받지 못하는 상황에서는 신용카드를 정확하게 사용하는 것이 좋다. 다음의 내용을 점검해보자.

1) 복리후생비

회사가 지출하는 회식비나 식대, 기타 복리후생비 등을 지출할 때에는 세금계산서를 수수하기가 힘들므로 이런 상황에서는 신용카드를 사용토록 하자. 물론 개인카드를 업무를 위해 사용했다면 경비인정은 물론이고 부가가치세도 환급받을 수 있다.

2) 기업업무추진비

기업업무추진비는 소비성 지출에 해당하므로 다른 항목과는 달리 세법이 증빙에 대해 규제를 많이 하고 있다. 예를 들어 3만 원을 초과하는 경우는 반드시 회사 명의의 카드를 사용해야 하며, 임직원 명의의 카드는 3만 원을 초과하면 이를 인정하지 않는다. 참고로 상품권을 과다하게 구입한 경우에는 향후 사후검증 대상이 될 수 있음에 유의해야 한다.

3) 기타

소모품비나 차량유지비 등 기타 비용들에 대해서는 복리후생비에 준해서 처리하도록 한다. 한편 거래금액이 큰 재료비 등은 세금계산서를 수취하는 것이 여러모로 안전하다.

참고로 법인카드로 사용한 실적에 따라 쌓인 마일리지는 회사의 자산으로 계상하는 것이 원칙이다.

Tip 신용카드 및 상품권 등 사용내역 검토서식

과세당국은 각 회사가 결제한 신용카드 등의 내용을 분석해 법인세 신고 전에 이에 관한 정보를 제공하고 있다. 이는 각 회사가 사용한 카드 내용을 과세당국이 예의 주시하고 있음을 의미한다. 따라서 평소에 불필요한 지출을 삼가고 가급적 법인카드를 사용하는 것이 세무리스크를 줄이는 지름길이 됨을 알 수 있다.

1. 계정과목별 신용카드 사적사용 여부 검토

(단위 : 원)

사용내역			사적사용 여부 검토				적정 여부	
사용일자	계정과목	금액	귀속자	사용 내용	금액	사용구분		
20×3.7.20	교통여비	2,300,000	대표자	국외출장	1,000,000	⑧	Y	N
			대표자	면세점 지출	1,300,000	④	Y	N
소계								

* 사용구분

① 쇼핑몰 구입 ② 신변잡화 구입 ③ 가정용품 구입 ④ 업무무관 경비 지출
⑤ 개인적 치료 이용 ⑥ 공휴일 사용 ⑦ 기타 사유 ⑧ 업무 관련(정상)

☞ ①~⑦까지의 항목에 대한 지출에 대해서는 매우 주의해야 한다.

2. 상품권·기프트카드·선불카드 등 사용금액 적정 여부 검토

(단위 : 원)

사용내역			수령자 검토					적정 여부	
사용일자	계정과목	금액	수령자 소명가능	성명	구분	직책	금액		
20×3.9.20	복리후생비	1,000,000	가능	김상무	④	대리	1,000,000	Y	N
20×3.10.2	복리후생비	500,000	가능	이직원	②	인턴	500,000	Y	N
소계									

* 수령자 구분 항목

① 임원 ② 직원 ③ 주주 ④ 거래처 ⑤ 고객 ⑥ 기타

심층분석 1 증빙관리법

증빙(證憑)이란 어떤 사실의 증거를 들어 증명함을 말하며, 증빙서류란 그 증거가 되는 서류를 말한다. 세법에서는 거래의 투명성과 적정과세를 하기 위해 법정증빙에 대한 강력한 규제를 하고 있다. 증빙수취는 기업의 임직원들이 알아야 할 기본적인 업무에 해당한다.

1. 법정영수증

1) 법정영수증과 미수취가산세

세법에서는 다음의 영수증을 법정영수증(적격영수증 또는 정규영수증)으로 본다. 이를 갖추지 않으면 원칙적으로 가산세 2%를 부과한다(단, 3만원 이하 지출분은 가산세 제외).

- 세금계산서 : 부가가치세가 과세되는 품목을 공급하는 사업자들이 교부하는 영수증
- 계산서 : 부가가치세가 면세되는 품목을 공급하는 사업자들이 교부하는 영수증
- 신용카드 매출전표(현금영수증 포함) : 부가가치세가 과세되거나 면세되는 품목을 공급하는 사업자들이 교부하는 영수증

2) 지출증명서류의 수취 및 보관기간

법인은 각 사업연도에 그 사업과 관련된 모든 거래에 관한 증명서류를 작성하거나 받아서 법인세 신고기한이 지난 날부터 5년간 보관해야 한다(법인세법 제116조). 참고로 신용카드 매출전표의 경우 낱장이 아니라, 카드내역서를 한 장으로 보관해도 문제가 없다.

2. 법인의 거래 시 받아야 할 증빙유형

지출유형	받아야 할 증빙	근거
1. 거래하면 받아야 할 증빙	다음의 정규영수증을 받는 것이 원칙임. - 세금계산서, 계산서, 신용카드매출전표, 현금영수증	이 외 간이영수증, 입금표, 거래명세표, 금전등록기 영수증 등은 정규영수증이 아님.
2. 재화나 용역의 공급 대가가 아닌 경우	거래에 관련된 서류 (입금증, 계약서 등)	재화와 용역거래가 아니므로 정규영수증 수취대상이 아님.
3. 상품권을 구입하는 경우	상동	상동
4. 3만 원 이하 거래	정규영수증 및 비정규영수증(간이영수증) 중 선택	정규지출증빙수취의무에 대한 예외 인정
5. 원천징수대상 사업소득자로부터 용역을 공급받는 경우	원천징수 시 지출증빙을 수취할 필요가 없음.	지출증빙수취특례가 적용됨. 여기서 특례란 정규영수증을 받지 않아도 가산세 제재를 하지 않겠다는 것을 의미함.
6. 국내 출장여비	숙박비 등은 정규영수증을 수취하는 것이 원칙	단, 사규 등에 의해 지급기준이 있다면 지출결의서로 입증하면 됨.
7. 영수증을 챙기지 못한 경우	지급사실을 확인할 수 있는 입금표 등을 구비해야 함.	이런 상황에서는 증빙불비가산세는 있으나, 지급사실이 입증되면 비용으로 인정받을 수 있음.

⊙ 지출은 되었으나 영수증을 챙기지 못한 경우 많은 세금이 지출되므로 가급적 영수증은 꼬박꼬박 챙기는 것이 좋다.

Tip 지출증명서류 수취 검토서식

비용 처리 항목과 증빙수취 금액 간에 차이가 나는 경우 가공경비로 의심을 받을 수 있으니 주의하기 바란다.

1. 표준재무상태표 계정과목별 지출증명서류 수취금액

계정과목			지출증명서류 수취금액						⑩ 수취 제외대상 금액	⑪ 차이 (③-④-⑩)
① 코드	② 과목명	③ 금액	④ 계 (⑤+⑥+⑦+⑧+⑨)	신용카드 등		⑦ 현금영수증	⑧ 세금계산서	⑨ 계산서		
				⑤ 법인	⑥ 개인					
⑫ 소계										

2. 표준손익계산서 계정과목별 지출증명서류 수취금액

계정과목			지출증명서류 수취금액						㉒ 수취 제외대상 금액	차이 (⑮-⑯-㉒)
⑬ 코드	⑭ 과목명	⑮ 금액	⑯ 계 (⑰+⑱+⑲+⑳+)	신용카드 등		⑲ 현금영수증	⑳ 세금계산서	㉑ 계산서		
				⑰ 법인	⑱ 개인					
㉔ 소계										

3. 표준손익계산서 부속명세서(제조·공사원가 등) 계정과목별 지출증명서류 수취금액

계정과목				지출증명서류 수취금액						㉟ 수취 제외대상 금액	㊱ 차이 (㉘-㉙-㉟)
㉕ 구분	㉖ 코드	㉗ 과목명	㉘금액	㉙ 계 (㉚+㉛+㉜+㉝+㉞)	신용카드 등		㉜ 현금영수증	㉝ 세금계산서	㉞ 계산서		
					㉚ 법인	㉛ 개인					
㊲ 소계											

4. 합계금액

㊳ 합계 (1+2+3)									

심층분석 2 원천징수, 지급명세서, 임금명세서의 제출

원천징수는 종업원 등 소득자에게 각종 소득(급여, 사업·기타소득 등)을 지급하는 자가 일정 세율로 세금을 미리 징수해 납부하는 제도를 말한다. 이 제도에 의해 법인의 소득이 개인에게 지급되었음이 포착되어 과세가 이루어진다. 다음에서는 원천징수의 내용 및 지급명세서 등에 대해 알아보자.

1. 원천징수

기업에서 인건비나 각종 수수료를 지급할 때 원천징수 여부를 확인해야 한다. 이를 어길 시에는 가산세가 부과되며, 향후 지출 입증 시 상당히 곤란할 수 있다.

구분	내용	원천징수 대상과 세율 (지방소득세 별도)
이자소득	금융기관으로부터 받은 이자, 개인 간의 이자 등	• 금융기관 이자 : 14% • 개인 간 이자 : 25%
배당소득	주식 투자 중에 주식발행회사로부터 받은 배당금	14%
사업소득	사업을 통해 얻은 소득 (프리랜서, 접대부 포함)	• 자유직업소득 : 3% • 유흥업소 접대부 : 5%
근로소득	근로를 제공해서 받은 소득 (아르바이트, 일용직 포함)	• 정직원 : 간이세액조견표상 • 일용직 : 일당 15만 원 초과분의 6%
연금소득	국민연금, 퇴직연금, 개인연금에 가입해 연금을 수령하는 경우	• 공적연금 : 정부의 조견표 • 사적연금 : 3~5%

구분	내용	원천징수 대상과 세율 (지방소득세 별도)
기타소득	강의나 인세, 위약금, 권리금 등	• 20%(소득금액 기준)
양도소득	부동산이나 기타 주식 등을 처분해서 받은 소득	없음.
퇴직소득	퇴직금을 받은 경우	6~45%(연분연승법)
금융투자소득	(2025년까지 유예)	20% 등

근로소득은 연말정산을 거쳐 그리고 사업소득은 5월 종합소득세 신고기간에 세금을 정산하게 된다.

2. 지급명세서의 작성·교부 및 제출

지급명세서란 소득자(종업원 등)의 인적사항, 지급액, 원천징수세액 등을 기재한 자료로써 상시 근로자의 경우에는 지급일이 속하는 연도의 다음 해 3월 10일까지, 일용근로자의 경우에는 다음 월 10일까지 관할 세무서에 이를 제출하게 된다.

- 근로·사업·퇴직소득 : 다음 해 3월 10일
- 일용근로자 : 매월 10일
- 기타·연금·이자·배당소득 : 다음 해 2월 말일

▶ 간이지급명세서는 2018년에 도입된 제도로 전 국민의 고용보험을 적용하기 위해 앞의 지급명세서와 별도로 제출하는 서류를 말한다. 참고로 상용근로소득은 현재 반기별로 제출하고 있는데 2026년 1월부터는 매월 제출해야 한다. 이 외 기타소득은 2024년부터 매월 제출해야 한다.

3. 적용 사례

1. ㈜가나는 기술적인 노하우를 가지고 있는 L씨와 용역계약을 맺고 시간 단위로 임금을 계산해서 월별로 지급하고 있다. 이 경우 L씨에게 지급되는 소득은 무슨 소득으로 구분되고, 어떤 식으로 세금을 징수해야 하는가?

현행 세법에서는 인적용역(사람이 직접 제공하는 용역)은 크게 세 가지 형태의 소득으로 구분한다. 즉 고용관계 등에 의한 근로제공 대가는 '① 근로소득', 고용관계 없이 독립된 자격으로 용역을 제공하고 받는 대가의 경우 일시적인 것은 '② 기타소득', 계속·반복적인 것은 '③ 사업소득'에 해당한다(서일 46011-10237, 2001. 9. 25).

따라서 앞의 L씨는 고용관계 없이 계속·반복적으로 소득을 창출한 것에 해당되므로 ③의 사업소득에 해당한다.

※ 사업소득을 지급할 때 징수해야 하는 세금

- 지급금액의 3%(지방소득세 포함 시 3.3%)을 원천징수해야 한다.
- 원천징수된 세금은 다음 월 10일 또는 반기 마지막 달의 다음 월 10일까지 관할 세무서 등에 납부해야 한다.
- 앞의 사업소득자에 대해서는 기업 입장에서 4대보험료 납부의무가 없다.

2. 앞의 ㈜가나의 대표이사는 퇴직 후 2년간 고문계약을 체결해서 소득을 지급받았다. 이 경우 무슨 소득에 해당한가?

이는 사업소득에 가깝다.

3. ㈜서울에서 신입직원을 다음과 같은 조건으로 채용하고자 한다. 이 경우 원천징수를 어떤 식으로 해야 할까? 그리고 기타의 문제는 없을까?

① 입사 후 3개월 수습기간 : 일용직 처리
② 입사 후 3개월 이후 정식기간 : 직원 처리

위의 상황에 따라 어떤 문제가 있는지 정리하면 다음과 같다.

① 입사 후 3개월 동안 수습을 받고 채용이 안 되는 경우 일용직으로 분류된다. 따라서 일당이 15만 원이 넘지 않는 한 원천징수할 세금은 없다. 다만, 일용직이라도 1개월 60시간 이상 근로하면 건강보험 등에 가입하는 것이 원칙이다.
② 입사 후 3개월이 지난 상황에서 정직원이 된 경우 근로자 신분이 된다. 따라서 이때는 근로소득에 대한 원천징수를 시행해야 한다.

제 4 장

가족법인의 비용 처리법

01

비용이란?

비용은 이익을 줄여주기 때문에 많은 법인이 관심을 두는 요소다. 하지만 법인세법에서는 조세회피 행위를 방지하기 위해 다양한 방법으로 이에 대해 제한하고 있다. 따라서 본인이 만든 법인이라도 법인자금을 마음대로 사용하면 문제가 더 커질 가능성이 크다. 다음에서는 비용 처리가 어떤 재무적인 효과를 가져다주는지부터 알아보자.

1. 비용의 효과

법인의 비용은 다음과 같은 효과가 발생한다.

첫째, 법인세가 줄어든다.

법인세는 당기순이익에 의존하므로 매출에서 차감되는 비용이 커질수록 이 법인세가 줄어든다.

둘째, 잉여금이 줄어들어 다양한 효과가 발생한다.

당기순이익이 줄어들게 되면 잉여금이 줄어들어 다음과 같은 재무적인 영향이 나타난다.

- 배당재원이 축소되어 배당소득세 부담이 줄어든다.
- 비상장주식의 가치가 축소되어 상속세나 증여세의 부담이 줄어든다.
- 법인이 청산할 때 청산가치가 줄어들어 청산법인세와 배당소득세 등이 줄어든다.

앞의 내용을 보면 법이 정한 테두리 안에서 최대한의 비용 처리를 하는 것이 여러모로 좋을 수 있다. 다만, 이 과정에서 급여 등을 처리하면 근로소득세나 4대보험료 등이 발생하므로 적정 균형을 찾는 것이 무엇보다 중요하다. 이런 점에 착안해 비용관리를 해야 한다.

2. 법인의 비용 처리를 제한하는 제도들

법인이 지출하는 비용들은 다음과 같은 제한을 받는다.

1) 업무와 무관한 지출

업무와 무관한 지출은 전액 법인의 비용으로 인정하지 않는다.

- 업무무관자산의 유지비
- 해당 법인의 주주 등(소액주주는 제외)이거나 출연자인 임원 또는 그 친족이 사용하고 있는 사택의 유지비·관리비·사용료와 이와 관련된 지출금 등

2) 업무와 관련된 지출 중 한도를 초과하는 지출

업무와 관련된 지출이더라도 세법에서 정한 한도를 벗어난 부분은 비용으로 인정하지 않는다.

- 기업업무추진비 한도초과액
- 감가상각비 한도초과액
- 업무용 승용차비용 한도초과액 등

3) 업무와 관련된 지출 중 과다·부당한 지출

업무와 관련된 지출액 중 과다하거나 부당한 지출은 '사실판단'을 거쳐 법인의 비용으로 인정하지 않는다. 실무상 쟁점이 가장 많이 발생하는 곳이다.

- 내부 지급기준을 초과하는 임원 상여금의 지출
- 내부 지급기준을 초과하는 임원 퇴직급여의 지출
- 법정 외 복리후생비의 지출
- 법인이 임원 또는 직원이 아닌 지배주주 등에게 지급한 여비 또는 교육훈련비의 지출 등

02

가족법인의 임직원 관련 인건비 관리법

회사가 인건비를 지출할 때 직원은 세법상 문제점이 거의 없지만, 임원은 세법상의 규제를 많이 받고 있다. 이들은 우월적인 지위에 있으므로 법인의 돈을 마음대로 쓸 가능성이 있기 때문이다. 그래서 세법은 임원이 보수를 과다하게 받아가는 경우는 이에 대해 제재하는데, 대표적인 것이 상여와 퇴직급여에 대한 한도규제다. 다음에서는 가족법인의 임원과 직원에 대한 인건비 처리법에 대해 알아보자.

1. 인건비와 세무상 쟁점 그리고 관리법

1) 직원과 임원의 급여

급여는 근무함에 따라 지급받는 대가를 말한다. 급여와 관련된 세무관리법을 정리하면 다음과 같다.

① 직원

직원의 경우 한도 없이 법인의 손금으로 인정한다. 다만, 지배주주 등과 특수관계에 있는 직원(통상 가족)에게 동일지위에 있는 직원보다 높은 금액을 지급하면, 그 초과분은 손금으로 인정하지 않는다(사실 판단사항).

② 임원

- 임원에 대한 급여는 통상 주주총회에서 결의를 거쳐 한도가 결정되는 것이 일반적이다. 따라서 한도 내에서 지급되면 세법상 문제가 없다. 다만, 일반적으로 특별한 사정이 없으면 임원 간 형평성 있게 급여가 지급되어야 한다. 한편 급여는 근로에 대한 대가에 해당하므로 실제 업무[14]에 종사했음을 입증해야 한다.
- 비상근 임원[15]의 경우에도 원칙적으로 급여가 인정되나 업무에 종사하지 않으면 해당 급여는 법인의 비용으로 인정되지 않을 수 있다.

2) 직원과 임원의 상여

직원에 대한 상여는 손금으로 인정된다. 하지만 임원의 경우에는 사전에 정관이나 주주총회 또는 이사회의 결의를 통해 지급기준이 결정되어야 한다.

3) 직원과 임원의 퇴직급여

퇴직급여는 실제 퇴직급여 지급 시 비용 처리를 하면 되나 요즘은 퇴

---

14) 비상근 임원 등에게 보수를 과다하게 지급하는 경우 업무 관련성을 입증해야 하는 경우가 있으므로 주의해야 한다.

15) 사외이사나 사외 감사 등이 이에 해당한다.

직연금제도가 발달되어 있어 연금지급 유형에 따라 비용 처리방식이 달라진다. 한편 임원의 경우에는 퇴직급여에 대한 한도규제를 적용받는다.

① 직원

직원의 퇴직금은 그 명칭 여하에도 불구하고 모두 퇴직급여로 인정된다. 만일 퇴직금 중간정산[16]을 받은 경우는 그 이후부터 다시 퇴직금 산정 시 연수가 새롭게 시작된다.

② 임원

- 임원에 대한 퇴직급여는 정관이나 정관에서 위임된 규정에 따라 지급되면 해당 금액은 모두 손금으로 인정된다.
- 만일 임의로 퇴직급여를 지급하면 법인세법에서 정하고 있는 한도식을 적용해야 한다(1배수).
- 임원에게 지급되는 퇴직급여는 퇴직소득세로 과세된다. 이때 소득세법상 퇴직소득의 한도는 2배수를 적용하며, 이를 초과한 소득은 근로소득으로 본다.[17]

---

16) 퇴직급여 중간정산제도

이미 퇴직급여 중 일부를 중간 정산받은 임직원들은 다음과 같이 후속조치를 취하면 된다.

① 직원이 중간정산을 받은 경우

중간정산 이후의 근속연수에 대해 퇴직급여 지급의무가 발생한다. 따라서 중간정산 이후의 근무기간에 대해 퇴직급여를 수령할 수 있다.

② 임원이 중간정산을 받은 경우

임원급여의 연봉제 전환 시에 향후 퇴직급여를 지급하지 않는 조건으로 그때까지의 퇴직급여를 정산해 지급한 후, 주주총회에서 임원의 퇴직급여제도를 연봉제 이전의 방식으로 전환하고 재전환일부터 기산해 퇴직급여를 지급하기로 한 경우는 새롭게 지급되는 퇴직급여도 손금으로 인정받을 수 있다. 다만, 이를 위해서는 주주총회에서 결의 등이 있어야 한다.

17) 법인이 정관 등을 통해 퇴직급여의 한도를 왕창 올려두고 실제 이를 지급하면 법인세법상 손금으로

STEP 1
임원 퇴직급여 지급

❯

STEP 2
법인세법상 퇴직급여 손금산입 한도[18] 검토

❯

STEP 3
소득세법상 퇴직소득 한도[19] 검토

◉ 퇴직금 규모를 정할 때는 법인세법상의 손금산입 한도와 소득세법상의 퇴직소득 한도를 감안해야 한다. 소득세법상 퇴직소득 한도는 원칙적으로 2배수(3년간의 연평균 급여×1/10×근속연수×2배)를 사용한다.

※ 퇴직급여 시뮬레이션(10년 재직, 퇴직금 2억 원 지급 시)

연평균 급여 (1년, 3년)	손금산입 한도	퇴직소득 한도
5,000만 원	• 내부규정 ○ : 전액 손금 인정 • 내부규정 × : - 손금산입 : 5,000만 원(=5,000만 원×1/10×10년×1배수) - 손금불산입 : 1.5억 원	퇴직소득 한도 : 1억 원(=5,000만 원×1/10×10년×2배수) → 퇴직소득 한도를 초과한 1억 원은 근로소득에 해당함.
1억 원	• 내부규정 ○ : 전액 손금 인정 • 내부규정 × : - 손금산입 : 1억 원(=1억 원×1/10×10년×1배수) - 손금불산입 : 1억 원	퇴직소득 한도 : 2억 원(=1억 원×1/10×10년×2배수) → 퇴직소득 한도초과액은 발생하지 않음.
2억 원	• 내부규정 ○ : 전액 손금인정 • 내부규정 × : - 손금산입 : 2억 원(=2억 원×1/10×10년×1배수) - 손금불산입 : 0원	퇴직소득 한도 : 4억 원(=2억 원×1/10×10년×2배수) → 퇴직소득 한도초과액은 발생하지 않음.

인정은 되지만, 소득세법상의 퇴직소득세를 계산할 때에는 한도(2배수)를 별도로 정해 한도 내만 퇴직소득으로 분류한다. 그 초과분은 근로소득으로 분류해서 과세한다. 퇴직급여를 저렴한 퇴직소득세로 과세되는 것을 방지하기 위한 조치에 해당한다.

18) 정관규정 또는 위임규정에 따른다(없으면 법인세법 규정에 따름 → 통상 1배수).

19) 소득세법에서는 2배수를 적용하고 있다.

◉ 실무적으로 최근 3년간 연평균 급여를 올려두면 법인세법상 퇴직급여 손금산입 한도와 소득세법상 퇴직소득 한도를 동시에 올릴 수 있다. 참고로 임원에 대한 퇴직급여를 퇴직연금(DC형)으로 불입한 경우에도 전액 비용 처리가 된다(물론 퇴직 시에 한도계산을 하게 된다). 그리고 향후 이를 수령한 경우는 연금소득(3~5%)으로 처리된다.

2. 적용 사례

사례를 통해 앞의 내용을 확인해보자.

> **자료**
>
> 김영민 씨는 경기도 성남시에서 중소제조업을 영위하고 있다. 이 회사는 법인으로 운영되고 있다. 김 씨는 목돈이 필요해서 증빙 없이 처리되는 경우 가지급금으로 처리된다는 소식을 듣고 12월 말에 5,000만 원을 상여로 처리하기로 했다. 임원의 상여지급규정에는 분기당 1,000만 원으로 되어 있다. 물음에 답해보자.

Q 임원의 급여와 상여 및 퇴직급여에 대한 세법의 태도는?

임원의 보수는 크게 급여와 상여 그리고 퇴직급여로 나뉜다. 그런데 이런 보수 중 급여는 매월 정기적으로 나가므로 주주총회에서 기준을 세운 후 이사회의 결의 등을 통해 집행하면 큰 문제가 없다. 세법도 이런 관점에서 임원들의 보수 중 급여에 대해서는 별다른 규제를 하고 있지 않다. 하지만 상여나 퇴직급여같이 정기적인 보수가 아닌 것들은 자칫 임원들이 모여 임의로 정할 수 있다. 따라서 이에 대해서는 법으로 규제할 필요가 있다. 세법도 이런 관점에서 다음과 같은 기준을 세워 이를 위배한 경우에는 손금으로 인정하지 않는 방법으로 규제하고 있다.

구분	세법규정
급여	명시적 규정 별도로 없음.
상여	정관, 주주총회, 이사회의 결의에 의한 급여 지급기준
퇴직급여	정관 또는 정관에서 위임하는 퇴직급여 지급규정에 따른 기준

앞 내용을 보면 상여 지급기준과 퇴직급여 지급기준과는 차이가 있음을 알 수 있다.

Q 사례에서 법인에 대한 불이익은?

일단 상여 지급기준은 분기당 1,000만 원으로 되어 있기 때문에 이를 초과해 지급한 금액 4,000만 원은 손금불산입되어 법인세가 늘어날 가능성이 높다. 다만, 정당한 사유(특별 성과 등)가 있다면 비용으로 인정하는 것이 타당하다.

▶ 이런 리스크를 줄이기 위해서는 사전에 상여금(특별 성과금 포함) 규정을 잘 다듬어두는 것이 좋다.

Q 사례에서 개인에 대한 불이익은?

앞에서 비용으로 인정되지 않는 금액 4,000만 원은 이미 상여로 봐서 근로소득세가 부과되었으므로 추가된 세금은 없다(이중과세 방지).

Q 만일 상여지급규정을 주주총회에서 수정한 후에 이를 기준으로 지급하면 앞의 내용이 바뀌는가?

논란이 있다. 급여형식을 가장한 이익처분에 해당하면 비용으로 인정하지 않기 때문이다. 하지만 앞에서와 같이 지급하면 실무에서 이익처분에 해당하는지, 하지 않는지에 대한 판단이 쉽지 않아 비용으로 인정될 가능성이 높다(저자 문의).

Tip 직원과 임원의 인건비에 대한 세법의 규제원리

구분	직원	임원
급여	손금산입	• 출자임원 : 손금산입 • 비출자임원 : 손금산입 • 비상근임원 : 손금산입(부당행위계산부분은 손금불산입)
상여금	손금산입(단, 이익처분에 의한 상여금과 임원 상여금 지급기준 초과분은 손금불산입함)	
퇴직급여	손금산입	• 정관규정 시 : 정관 등에서 정한 기준 내에서 지급 시 전액 손금산입 • 정관규정 없을 시 : 1년간 총급여×1/10×근속연수(1배수) → 직원의 경우에도 정당한 사유가 없이 사회통념을 벗어나 급여 등을 과다하게 지급한 경우에는 부당행위계산부인제도 등이 적용될 수 있다.

03

임원의 인건비 지급 시 반드시 갖춰 놓아야 할 것들

임원의 인건비도 원칙적으로 법인의 비용에 해당한다. 따라서 이런 비용을 무한대로 인정한다면 법인의 자산이 외부로 부당하게 유출될 수 있고, 법인세 등도 줄어들 가능성이 높다. 그래서 세법은 임원의 인건비에 대해서는 다양하게 규제를 하고 있다. 이에 대해 좀 더 구체적으로 알아보자.

1. 임원의 급여

임원의 급여는 보통 주주총회에서 결정된 대로 지급하면 세법상 문제가 없다. 다만, 과다보수 및 비상근 임원에 대해서는 제한을 두고 있다. 다음 법인세법 시행령을 참조하기 바란다.

> 제43조(상여금 등의 손금불산입)
> ③ 법인이 지배주주 등인 임원 또는 직원에게 정당한 사유 없이 동일 직위에 있는 지배주주 등 외의 임원 또는 직원에게 지급하는 금액을 초과하여 보수를 지급한 경우 그 초과금액은 이를 손금에 산입하지 아니한다.
> ④ 상근이 아닌 법인의 임원에게 지급하는 보수는 법 제52조에 해당하는 경우를 제외하고 이를 손금에 산입한다.

임원에게 보수를 지급할 때에는 형평성 있게 지급해야 하나, 정당한 사유가 있다면 이를 무시해도 된다. 물론 이에 대한 입증책임은 해당 법인에 있다.

Q 특정 이사가 대표이사보다 더 많은 급여를 받아도 문제가 없을까?

법인의 수익을 특정 이사가 창출한 경우에는 해당 이사에게 급여를 더 많이 줘도 문제는 없을 것으로 보인다.

한편 비상근 이사나 감사 등에게 보수를 지급하는 경우 문제가 발생할 여지가 높으므로 이에 유의해야 한다. 따라서 미리 업무분장에 따른 업무일지나 결재서류 등을 갖춰두는 것이 좋을 것으로 보인다.

2. 임원의 상여

임원의 상여는 부정기적으로 지급될 수도 있고 이 과정에서 임원들의 담합이 있을 수 있으므로 법인세법 시행령 제43조에서는 다음과 같은 규정을 둬서 이를 감시하고 있다.

제43조(상여금 등의 손금불산입)

② 법인이 임원에게 지급하는 상여금 중 정관·주주총회·사원총회 또는 이사회의 결의에 의하여 결정된 급여 지급기준에 의하여 지급하는 금액을 초과하여 지급한 경우 그 초과금액은 이를 손금에 산입하지 아니한다.

임원에게 부정기적인 상여를 지급할 때에는 이에 대한 지급기준이 마련되어 있어야 한다. 한편 결산기에 법인세를 줄이기 위해 상여금을 급히 늘리는 경우가 있는데, 향후 세무조사 등의 과정에서 문제가 될 수 있으므로 미리 주의할 필요가 있다.

3. 임원의 퇴직급여

임원의 퇴직급여는 정관이나 정관에서 위임받은 퇴직급여 지급규정에 따라 지급되어야 한다. 만일 이런 규정이 없으면 법에서 정한 금액한도 내에서만 인정한다. 이에 관련 법인세법 시행령 제44조 제4항에 규정되어 있다.

제44조(퇴직급여의 손금불산입)

④ 법인이 임원에게 지급한 퇴직급여 중 다음 각 호의 어느 하나에 해당하는 금액을 초과하는 금액은 손금에 산입하지 아니한다.

1. 정관에 퇴직급여(퇴직위로금 등을 포함한다)로 지급할 금액이 정하여진 경우에는 정관에 정하여진 금액
2. 제1호 외의 경우에는 그 임원이 퇴직하는 날부터 소급하여 1년 동안 해당 임원에게 지급한 총급여액의 10분의 1에 상당하는 금액에 기획재정부령으로 정하는 방법에 의하여 계산한 근속연수를 곱한 금액(1배수)

임원의 퇴직급여는 정관에 지급금액이 미리 적혀 있거나 정관에서 위임받은 임원퇴직급여규정이 마련되어 있어야 한다. 이때 퇴직급여는 매년 퇴직연금(DC형)으로 지급해도 된다.

4. 적용 사례

사례를 통해 앞의 내용을 알아보자.

자료

- A법인은 2인 이사가 있는 가족법인에 해당하며, 이번 해 당기순이익은 10억 원임.
- A법인은 현재 결산대책을 수립 중에 있음.

Q 만일 대표이사 등 임원의 상여금으로 5,000만 원씩 나눠주면 모두 경비로 인정될까?

원칙적으로 경비로 인정된다. 다만, 임원의 경우 미리 정관 등에 의한 상여지급규정이 만들어져 있어야 한다.

Q 앞의 상여금이 세법상 인정이 된다고 하자. 이 경우 어떤 효과가 발생할까?

법인세가 19% 이상 줄어든다. 그리고 잉여금이 축소되어 배당의 압력이 축소된다. 다만, 개인의 경우 근로소득세가 증가하고, 4대보험료가 늘어날 수 있다.

Q 이 상여금은 법인세를 줄이기 위한 이익처분에 해당한 것으로 판정될 수 있을까?

그럴 수도 있다. 이익처분에 해당하면 비용으로 인정받지 못할 수 있다. 그렇게 되면 법인세가 증가하게 된다.

▶ 이는 사실판단의 문제로 실무에서 자주 볼 수 있는 쟁점사안에 해당한다. 사후에 문제가 없도록 사전에 철저한 준비를 해두는 것이 좋을 것으로 보인다(202페이지 참조).

Q 만일 DC형 퇴직급여에 더 추가하면 문제가 없을까?

대표이사도 DC형[20] 퇴직연금을 납입할 수 있으므로 성과급 형태로 추가 적립할 수 있다. 이 부분은 실무적으로 따져야 할 것들(임원 퇴직급여 한도 등)이 많으므로 사전에 이에 대해 검토해야 한다.

▶ 임원에 대해 확정기여형 퇴직연금에 가입하고 법인이 그 부담금을 계속 불입한 경우 그 부담금 총액을 임원의 퇴직급여로 봐서 그 전액을 불입시점에 일단 법인의 손금으로 처리한다. 그리고 해당 임원이 현실적으로 퇴직하는 사업연도에 퇴직 시까지 납부된 회사부담금의 누계액을 퇴직급여로 봐서 정관 등의 규정 등의 손금산입한도를 초과하는 경우 퇴직일이 속하는 사업연도의 회사부담금에서 손금부인한다.

---

20) 매년 일정액을 불입하면 바로 비용 처리를 할 수 있는 연금형을 말한다.

Q 앞의 내용과는 별개로 A법인의 대표이사가 퇴직을 한다고 하자. 이 경우 퇴직급여는 어떤 식으로 지급해야 문제가 없는가?

정관이나 퇴직급여 지급규정에 따라야 한다. 만일 이런 규정이 없으면 법인세법에서 정한 한도 내에서만 법인의 비용으로 인정된다. 참고로 법인세법상 한도 내에서 퇴직급여를 받더라도 이 금액이 소득세법상 퇴직소득세를 계산할 때 한도를 벗어나게 되면 그 부분은 퇴직소득세가 아닌 근로소득세로 과세됨에 유의해야 한다.

Tip 임원급여 정하는 방법

임원급여는 주주총회 등에서 그 한도를 정해두면 이사회 결의 등을 통해 집행할 수 있다. 따라서 이사 수가 많지 않은 경우는 제한 없이 급여수준을 올릴 수 있다. 그런데 급여수준을 높게 책정하면 법인세와 잉여금의 축소 같은 이점도 있지만, 근로소득세와 4대보험료 등이 증가되어 자금유출이 많아질 수 있다. 따라서 실무에서는 다음과 같은 로직을 통해 적정 급여수준을 찾아낼 수 있다.

현금유출		현금유입		순현금유출
• 지급금액 • 4대보험료 • 개인소득세	−	• 법인세 감소 • 잉여금 감소에 의한 절세효과	=	순현금유출을 최소화하는 안을 선택

참고로 주주총회에서 임원 보수한도를 정해둔 경우라도 이의 금액 내에서 기준을 세워 지급해도 된다. 또한, 회사실적이 좋지 않은 경우는 무보수도 가능하다. 다만, 무보수가 항상 좋은 것만은 아니다. 건강보험료가 지역에서 나오기 때문이다(국민연금은 납부예외자로 처리). 따라서 급여 지급액을 최소화시켜 건강보험료를 내는 안을 검토해봐야 한다(등기임원은 건강보험과 국민연금 가입의무만 있음). 참고로 임원에 대한 급여를 지급할 때에는 동일한 기준이 적용되어야 세법상 문제가 없지만 '정당한 사유'가 있으면 차등지급도 가능할 것으로 보인다. 물론 여기서 정당한 사유는 특수한 공로 등이 있음이 객관적으로 입증되어야 한다(조심 2008부 420, 2008. 9. 16 등 참조).

04

가족에게 급여 지급 시 주의할 점들

법인이 좋은 점 중 하나는 가족을 채용해 이들에게 급여를 지급할 수 있다는 것이다. 그런데 문제는 가족이 실제 업무에 종사하지 않는 경우가 있다는 것이다. 이 경우에도 세법은 비용으로 인정할까? 아니다. 이를 용납하면 법인세가 줄어들기 때문에 깐깐하게 따진다. 가족을 둘러싼 급여처리법에 대해 알아보자.

1. 가족 채용과 세무상 쟁점

법인이 지배주주의 가족을 채용한 경우에는 다양한 세무상 쟁점이 발생할 수 있다. 이를 정리하면 다음과 같다.

1) 비용 인정 여부

가족을 직원으로 채용한 경우 실제 근무했음을 입증하면 당연히 법인의 비용으로 인정된다. 이 경우 4대보험료와 근로소득세가 부과된다.

2) 과도한 인건비 해당 여부

동일직급의 직원에 비해 과도하게 급여가 지급되는 경우에는 그 초과분은 비용으로 인정되지 않는다.

3) 상시 근로자 수에 포함 여부

상시 근로자 수가 증가하면 이에 대해 통합고용세액공제(조세특례제한법 제29조의 8)를 적용하는데, 가족법인의 직원은 여기에서 제외되는 것이 원칙이다(조세특례제한법 시행령 제26조의 8에서 동법 시행령 제23조 제10항을 준용함).

> 조세특례제한법 시행령
>
> 제23조(고용창출투자세액공제)
>
> ⑩ 제7항부터 제9항까지의 규정을 적용할 때 상시근로자는 '근로기준법'에 따라 근로계약을 체결한 내국인 근로자로 한다. 다만, 다음 각 호의 어느 하나에 해당하는 사람은 제외한다.
>
> 1. 근로계약기간이 1년 미만인 근로자(근로계약의 연속된 갱신으로 인하여 그 근로계약의 총기간이 1년 이상인 근로자는 제외한다)
> 2. '근로기준법' 제2조 제1항 제9호에 따른 단시간근로자. 다만, 1개월간의 소정근로시간이 60시간 이상인 근로자는 상시근로자로 본다.
> 3. '법인세법 시행령' 제40조 제1항 각 호의 어느 하나에 해당하는 임원
> 4. 해당 기업의 최대주주 또는 최대출자자(개인사업자의 경우에는 대표자를 말한다)와 그 배우자
> 5. 제4호에 해당하는 자의 직계존비속(그 배우자를 포함한다) 및 '국세기본법 시행령' 제1조의 2 제1항에 따른 친족관계인 사람)
> 6. '소득세법 시행령' 제196조에 따른 근로소득원천징수부에 의하여 근로소득세를 원천징수한 사실이 확인되지 아니하고, 다음 각 목의 어느 하나에 해당하는 금액의 납부사실도 확인되지 아니하는 자
>
>   가. '국민연금법' 제3조 제1항 제11호 및 제12호에 따른 부담금 및 기여금
>
>   나. '국민건강보험법' 제69조에 따른 직장가입자의 보험료

2. 적용 사례

사례를 들어 앞의 내용을 확인해보자.

Q 가족에게도 급여 지급이 가능할까?

가족도 업무에 종사하면 당연히 급여를 지급받을 수 있다.

Q 근무하지 않음에도 불구하고 급여를 지급하면 어떤 문제가 있을까?

이는 당연히 업무무관지출로 전액 비용으로 인정되지 않고, 해당자의 소득으로 봐서 소득세를 부과한다.

Q 실제 근무하고 있다는 사실은 어떻게 입증하는가?

근무일지 등이 있으면 된다.

Q 동일 직위에 있는 사람보다 급여 등을 더 주면 문제가 되는가?

그렇다. 법인이 지배주주 등인 임원 또는 직원에게 정당한 사유 없이 동일 직위에 있는 지배주주 등 외의 임원 또는 직원에게 지급하는 금액을 초과해 보수를 지급한 경우 그 초과금액은 이를 손금에 산입하지 않는다.

Q 실제 급여를 지급하게 되면 어떤 부담이 뒤따르는가?

매월 지급받은 급여에 대해 세법에 맞게 원천징수를 해야 한다. 한편 4대보험료[21]도 발생한다.

---

21) 4대보험료율은 이 장의 '심층분석'을 참조하기 바란다.

Tip 근로계약서의 작성

가족 등을 채용하면 향후 검증을 받게 되므로 업무분장을 명확히 하고 근로계약서도 꼼꼼히 작성하는 것이 좋을 것으로 보인다(노무전문가의 확인이 필요함).

05

복리후생비 비용 처리법

법인세를 다루는 실무자 입장에서 가장 혼란스러운 분야 중 하나가 바로 복리후생비의 처리와 관련된 것이다. 세법상 인정되는 복리후생비는 무엇인지 이에 관한 판단이 서지 않는 경우가 많기 때문이다. 이하에서 이에 관해 판단을 내려보자.

1. 복리후생비 관련 규정

먼저 복리후생비는 법인세법 시행령 제45조에서 다음과 같이 규정하고 있다.

> 제45조(복리후생비의 손금불산입)
> ① 법인이 그 임원 또는 직원을 위하여 지출한 복리후생비 중 다음 각 호의 어느 하나에 해당하는 비용 외의 비용은 손금에 산입하지 아니한다.
> 1. 직장체육비

2. 직장문화비

2의 2. 직장회식비

3. 우리사주조합의 운영비

4. 삭제 <2000. 12. 29.>

5. '국민건강보험법' 및 '노인장기요양보험법'에 따라 사용자로서 부담하는 보험료 및 부담금

6. '영유아보육법'에 의하여 설치된 직장어린이집의 운영비

7. '고용보험법'에 의하여 사용자로서 부담하는 보험료

8. 그 밖에 임원 또는 직원에게 사회통념상 타당하다고 인정되는 범위에서 지급하는 경조사비 등 제1호부터 제7호까지의 비용과 유사한 비용

위의 내용을 조금 더 살펴보자.

첫째, 위에 열거되지 않는 것들은 원칙적으로 복리후생비에 해당하지 않는다.

복리후생비는 임직원의 복리후생을 위해 지출한 비용을 말하는데, 위에서 열거된 항목 외로 지출될 가능성이 높기 때문에 이런 규정을 두고 있다.

둘째, 경조사 등은 사회통념상 인정되는 범위에 해당하는지 여부를 별도로 확인해야 한다.

예를 들어 직원인 자녀 등에게 경조사비로 1억 원을 줬다고 하자. 이는 회계상 다음과 같이 처리될 것이다.

(차변) 복리후생비 1억 원 (대변) 현금 1억 원

이렇게 처리되면 당기순이익이 축소되어 법인세가 줄어들기 때문에 법인은 앞의 제8호 규정을 적용해 이 비용을 인정하지 않게 된다. 한편 이를 받은 자는 소득에 해당하므로 소득세를 내야 한다.

2. 복리후생비 관리법

첫째, 경조사비 등은 근로소득에 포함하는 것이 원칙이다. 이런 경조사비는 연말정산을 통해 세금을 정산해야 한다.

둘째, 재무제표에 계상된 복리후생비가 과도하면 사후검증이나 세무조사 등의 대상이 될 수 있으므로 주의해야 한다.

셋째, 경조사비 지급규정을 두는 것이 좋다.

경조사비는 출자자인 임원에게 지급한 경우라도 사회통념상 타당하다고 인정되는 범위 안의 금액은 이를 각 사업연도의 소득금액 계산상 손금에 산입한다. 따라서 금액이 과도하지 않으면 세법상 큰 문제가 없다. 다만, 금액이 약간 크다고 생각되는 경우는 경조사비 등에 대한 지급규정을 두는 것이 안전하다.

Tip 경조사비 비용 처리법

구분	복리후생비	기업업무추진비
개념	임직원의 복리후생으로 지출	거래처 등 접대를 위해 지출
증빙	청첩장 등 사본이나 리스트 (건당 20만 원 이하)	좌동

06

상품권을 기업업무추진비로 처리하는 방법

상품권은 권면에 기재된 금액에 상응하는 재화 또는 용역을 제공받을 수 있는 유가증권에 해당하며, 이의 구매 및 유통이 자유롭다는 특징을 가진다. 이런 이유로 법인들이 상품권을 구입해 이를 사업에 활용하는 경우가 종종 있다. 하지만 이 과정에서 지켜야 할 것들이 많은데, 이하에서 이와 관련된 세무상 쟁점 사례 및 이에 대한 예방법을 알아보자.

1. 가족법인이 사용할 수 있는 기업업무추진비

가족법인들은 다음과 같이 기업업무추진비(구 접대비)를 사용할 수 있다.

첫째, 가족법인도 기본적으로 연간 3,600만 원까지 기업업무추진비를 인정받을 수 있다.

세법상 중소기업에 해당하기 때문이다. 중소기업의 범위에 대해서는 조특법령 제2조에서 규정하고 있는데, 여기에서는 소비성 서비스업을 제외한 대부분의 기업을 중소기업으로 분류하고 있다(215페이지 참조).

둘째, 만일 주업이 부동산 임대법인에 해당하는 경우에는 기업업무추진비 기본한도액이 1/2로 축소된다.

셋째, 이 한도 내에서는 기본적으로 다음과 같은 것들을 지출할 수 있다.

- 직원들과의 회식비
- 거래처 등을 위한 기업업무추진비
- 골프비 등

2. 적용 사례

앞의 내용을 사례를 통해 알아보자.

자료

서울 마포구에 소재한 J법인은 제조와 도소매를 업으로 하고 있다. 그는 연말이나 명절마다 상품권을 구입해서 거래처에 지급하고 있다. 또한, 주요 고객과 함께 골프 접대를 하기도 한다. 다음 물음에 답해보자.

Q 상품권을 구입해서 거래처에 지급하는 경우 기업업무추진비로 처리 가능할까?

법인이 신용카드로 구입한 상품권을 거래 상대방에게 사업과 직접 관련해 접대 목적으로 사용했다면 기업업무추진비 한도 내에서 비용으로 인정된다.

Q 기업업무추진비로 인정받으려면 법인의 카드로만 구입해야 할까?

법인의 경우에는 대표이사 등의 개인카드는 일절 인정하지 않는다. 개인사업자만 종업원카드가 인정된다는 점에 주의하자. 참고로 상품권 구입 시에 세금계산서나 현금영수증을 받는 경우가 있을 수 있다. 하지만 이런 증빙은 인정하지 않음에 유의해야 한다. 상품권 거래는 재화와 용역의 공급이 아니므로 이런 증빙 교부대상이 아니기 때문이다.

Q 상품권을 수령한 자를 밝히지 못하면 비용으로 인정이 되지 않는가?

그럴 수 있다. 법인이 지출한 비용에 대해서는 법인이 이를 객관적으로 입증해야 하기 때문이다.

Q 휴일에 골프 접대를 한 경우에 기업업무추진비로 비용 처리 가능할까?

원래 접대 등의 행위가 거래 관계의 원활한 진행을 도모하는 데 사용되고, 신용카드로 결제했다면 골프 접대한 비용은 기업업무추진비로 볼 수 있다. 다만, 이때 기업업무추진비가 사업상 지출인지의 여부는 사업자가 입증해야 하며, 이때 객관적인 증빙을 통해 입증하면 된다. 여기서 주의할 것은 사업에 관련되는 것이 명백하지 않거나 개인적 지출로 인정되는 때는 기업업무추진비로 인정하지 않는다는 것이다. 따라서 물음에서처럼 휴일에 사용하는 골프 기업업무추진비는 업무와 관련성이 없고, 개인적인 지출에 해당되는 것으로 봐서 비용 처리가 안 될 가능성이 높다.

Tip 상품권 관련 세무관리법

상품권 등과 관련된 세무관리법을 정리하면 다음과 같다.

첫째, 상품권은 반드시 카드로 구입해야 한다.
상품권은 재화의 공급에 해당되지 않아 세금계산서 등 정규영수증의 수취대상이 아니다. 따라서 이 경우에는 간이영수증을 받더라도 비용 처리를 하는 데 문제가 없다. 하지만 경비 중 기업업무추진비에 한해서는 반드시 개인사업자는 사업주나 직원카드, 법인은 법인카드로만 구입해야 기업업무추진비로 인정됨에 유의해야 한다. 참고로 상품권을 구입할 때는 다음처럼 회계처리를 한다. 그러고 난 후 실제 사용한 날을 기준으로 용도에 맞게 처리한다.

(차변) 상품권 100만 원 (대변) 현금 100만 원

둘째, 상품권을 사용할 때는 세무처리에 주의해야 한다.

① 기업업무추진비에 해당하는 경우

기업업무추진비의 경우 무한정 필요경비로 인정이 되는 것이 아니라, 일정한 한도(연간 3,600만 원 등)가 있다. 따라서 미리 이 한도를 따져서 지출범위를 점검하도록 한다. 한편 상품권을 기업업무추진비로 지출한 경우 이의 사용처에 대해서도 입증할 수 있어야 한다.

② 복리후생비에 해당하는 경우

회사에서 복리후생 목적으로 상품권을 구입해서 임직원들에게 지급하는 경우 해당 직원의 과세대상 근로소득으로 본다. 따라서 이를 직원에서 지급 시 해당 금액을 근로소득으로 보아 원천징수를 하는 것이 원칙이다.

③ 기타 비용에 해당하는 경우

상품권을 유류대나 도서비 등으로 사용하는 경우 재화나 용역구입에 따른 영수증(세금계산서나 계산서 등)을 수취하면 된다. 다만, 이런 정규영수증을 수취하지 못하면 가산세 2%를 부담할 수 있으나 경비처리는 가능하다.

셋째, 성실신고확인사업자나 법인은 과다구입 및 사용에는 특히 주의해야 한다. 매출액이 일정 규모(음식업 7.5억 원 등) 이상인 성실신고확인사업자나 법인들이 결제한 신용카드 사용내역은 과세당국이 자유롭게 볼 수 있다. 그리고 결제한 신용카드 등의 내용을 분석해 성실신고를 유도하고 있다. 실제 실무에서 보면 상품권 구입이 많은 사업자를 대상으로 세무검증이 강화되는 추세에 있다. 결국, 상품권 등을 과도하게 구입하는 것은 리스크를 올리므로 과도한 구입은 하지 않도록 하자. 그리고 추후 입증을 위해 상품권 지급대장을 만들어두는 것도 좋을 것으로 보인다.

※ 상품권 사용과 김영란법과의 관계

상품권 등을 지급받는 상대방이 공직자, 언론인 등 김영란법 적용 대상일 때 선물의 경우 5만 원(농수산물은 15만 원. 단, 추석과 설날은 30만 원), 경조사의 경우 5만 원(화환대는 10만 원)을 초과하면 이 법에 따라 처벌을 받을 수 있다. 따라서 김영란법 대상이 되는 경우 선물 등의 지출은 최대 5~30만 원을 넘지 않도록 관리해야 한다.

07

업무용 승용차 운행비 비용 처리법

법인이 보유하고 있는 업무용 승용차에 대한 비용 처리법도 상당히 관심사다. 차량비 자체도 감가상각을 통해 비용 처리가 될 뿐만 아니라, 운행비도 비용 처리를 할 수 있기 때문이다. 하지만 이를 무조건 인정하면 과세형평상 문제가 되므로, 세법에서 다양한 방법으로 이를 규제하고 있다. 이에 대해 알아보자.

1. 차량유형별 규제내용

1) 개별소비세가 부과되지 않는 차량

- 이에는 경승용차(1,000cc 이하의 승용차), 9인승 승합차, 화물차 등이 해당된다.
- 이런 차종에 대해서는 세법상 규제가 없으므로 실제 발생한 운행비를 전액 비용 처리를 할 수 있다.

- 차량비에 대한 감가상각도 세법 한도에 맞게 임의로 계상할 수 있다.

2) 개별소비세가 부과되는 차량(일반 승용차 등)

- 이에는 일반 승용차나 전기자동차 등이 포함된다. 리스회사나 렌탈회사를 통해 이용하는 승용차도 포함된다.
- 법인이 보유한 승용차에 대해서는 모두 업무전용 자동차보험에 가입해야 한다. 이를 위반 시 승용차 관련 비용은 전액 비용으로 인정되지 않는다.
- 차량비에 대한 감가상각은 5년 정액법으로 강제 상각해야 한다.
- 실제 운행비(유류대, 자동차세 등 모든 비용)를 인정받기 위해서는 차량운행기록부를 작성해야 한다. 만일 이를 작성하지 않으면 위 감가상각비와 운행비를 합해 연간 1,500만 원(임대법인은 500만 원)까지 비용으로 인정된다.

2. 가족법인의 업무용 승용차 관련 비용 관리법

가족법인들은 다음과 같이 업무용 승용차를 관리하는 것이 좋다.

첫째, 법인소유 차량은 무조건 임직원만 이용할 수 있도록 업무전용 자동차보험에 가입해야 한다(특약사항). 또한 2024년부터는 일정 가액(8,000만 원 예정) 이상 승용차를 취득한 경우에는 법인 업무용 전용 번호판(연두색)을 부착해야 한다.

둘째, 감가상각비와 운행비를 합해 연간 1,500만 원 넘게 비용 처리를 하고 싶다면 차량운행일지를 꼼꼼히 작성해야 한다. 이를 불성실하게 기재하면 가산세가 부과될 수 있다.

셋째, 운행일지를 작성하기가 번거롭다면 1대당 1,500만 원까지 비용 처리에 만족해야 한다(3대인 경우 4,500만 원).

3. 적용 사례

사례를 들어 앞의 내용을 확인해보자.

> **자료**
>
> K가족법인은 다음과 같은 차량을 보유하고 있다. 물음에 답해보자.
>
> - 고가의 승용차 : 구입가격 1억 원(부가가치세 별도, 이하 동일)
> - 경승용차 : 구입가격 2,000만 원
> - 9인승 승합차 : 구입가격 8,000만 원

Q 앞의 차들은 모두 사업을 위해 취득했다. 부가가치세 환급이 가능한가?

현행 부가가치세법은 개별소비세가 부과되지 않는 차종에 대해서는 부가가치세 환급을 해주고 있다. 따라서 경승용차와 9인승 승합차 관련 부가가치세는 환급을 받을 수 있다.

Q 앞의 차량을 운행하면서 발생한 유류대나 수리비에서 발생한 부가가치세는 공제가 가능한가?

앞의 물음처럼 개별소비세가 부과되지 않는 차종에서 발생한 부가가치세는 매출세액에서 공제가 가능하다.

Q 이 차량비에 대해서는 감가상각을 어떤 식으로 해야 하는가?

구분	감가상각기간	감가상각방법	비고
고가의 승용차	5년	정액법	강제
경승용차	4~6년 중 선택	정액법과 정률법 중 선택	임의
9인승 승합차			

Q 이 차량에 대한 감가상각비와 운행비는 전액 법인의 비용으로 인정되는가? 이 차량들은 모두 업무전용 자동차보험에 가입했다고 가정한다.

구분	비용 처리 인정 여부
고가의 승용차	• 운행일지 작성한 경우 : (감가비와 운행비)×업무사용비율 • 운행일지를 작성하지 않은 경우 : 1,500만 원
경승용차	전액 인정
9인승 승합차	

▶ 차량명세서를 제출하지 않거나 불성실하게 기재하면, 이에 대한 가산세가 부과됨에 유의해야 한다.

Q 만일 앞의 법인이 개인의 차량을 임차한 후 이에 대한 대금을 지급한 경우에는 규제를 받는가?

아니다. 이는 규제의 대상이 아니다. 다만, 이에 대한 지급근거(계약서 등)를 갖춰둬야 향후 문제가 없다.

Q 앞의 승용차를 매각한 경우 세금계산서를 발행해야 하는가?

차량도 재화의 공급에 해당하므로 일반과세자가 이를 양도하면 세금계산서를 발행해야 한다. 예를 들어 차량매매대금이 1,000만 원이라면 100만 원이 부가가치세가 되는 것이다.

Tip 업무용승용차 관련 비용 주요사항 검토서식

	검토사항	적합 여부
① 업무용 승용차 범위	• 개별소비세법 제1조 제2항 제3호에 해당하는 승용자동차에 해당하는지 여부 ※ 제외대상 - 부가가치세법 시행령 제19조 각 호에 해당하는 업종 또는 여신전문금융업법 제2조 제9호에 따른 시설대여업에서 사업상 수익을 얻기 위해 직접 사용하는 승용자동차 - 한국표준산업분류표 중 장례식장 및 장의 관련 서비스업을 영위하는 법인이 소유하거나 임차한 운구용 승용차 - 자동차 관리법 제27조 제1항 단서에 따른 국토교통부 장관의 허가를 득한 자율주행자동차	예 / 아니오
② 관련 비용	• 업무용승용차 관련 비용은 적정한지 여부 - 업무용승용차에 대한 감가상각비, 임차료, 유류비, 보험료, 수선비, 자동차세, 통행료 및 금융리스부채에 대한 이자비용 등	예 / 아니오
③ 업무전용 자동차보험	• 업무전용 자동차보험에 가입했는지 여부 - 해당 법인이 업무전용 자동차보험에 가입하지 않은 경우 전액 손금불인정 * 일부기간 가입 : 가입일수 비율만큼은 손금산입 검토대상에 포함	예 / 아니오
④ 업무 사용금액	• 운행기록부를 성실하게 작성·비치했는지 여부 - 해당 법인의 사업장 방문, 거래처 방문, 회의 참석, 판촉 활동, 출퇴근 등 실제 업무용 사용 여부	예 / 아니오
	• 업무전용자동차보험을 가입하고 업무사용비율을 적정하게 계산했는지 여부	예 / 아니오

검토사항		적합 여부
④ 업무 사용금액	• 업무용승용차 관련 비용 손금인정 한도액 계산 적정 여부 - 보유·임차기간에 따른 손금산입 한도액 월할계산 여부 - 해당 사업연도 1년 미만 여부 - 부동산 임대업을 주업으로 하는 등 법인세법 시행령§ 42 ② 규정 해당 여부	예 / 아니오
⑤ 감가상각비 (상당액)	• 감가상각비(상당액) 계산 적정 여부 - 2016년 1월 1일 이후 개시하는 사업연도에 취득하는 업무용승용차에 대해 5년 정액법으로 균등 강제 상각했는지 - 리스차량 : 리스료 중 보험료·자동차세·수선유지비를 차감한 잔액 - 렌트차량 : 렌트료의 70%	예 / 아니오
	• 감가상각비(상당액) 한도액 계산 적정 여부 - 보유·임차기간에 따른 손금산입 한도액 월할계산 여부 - 해당 사업연도 1년 미만 여부 - 부동산 임대업을 주업으로 하는 등 법인세법 시행령§ 42 ② 규정 해당 여부	예 / 아니오
	• 감가상각비(상당액) 한도초과액 손금산입 적정 여부	예 / 아니오
⑥ 소득처분	• 소득처분 적정 여부 - 사적 사용이 확인된 법인 소유 업무용 승용차의 감가상각비 등 관련 비용은 사용자에게 소득처분	예 / 아니오
⑦ 매각손실	• 업무용승용차 처분에 따른 매각손실 발생 여부	예 / 아니오
	• 매각손실 한도초과액 손금산입 적정 여부	예 / 아니오

심층분석 1 정규직·일용직 등의 인건비처리법

개인이나 법인의 비용에서 인건비가 차지하는 비중은 실로 막중하다. 일반경비의 30% 이상을 차지하는 경우가 많기 때문이다. 이에 과세당국도 관심을 많이 가지고 있으므로 이에 대한 대비책을 확실히 세워두는 것이 좋을 것으로 보인다.

1. 법인이 지급하는 소득의 종류와 세금 및 4대보험료의 관계

법인이 직원을 고용하거나 아르바이트직을 채용할 때에는 다음과 같은 세금관계 등이 형성된다.

구분	정직원	일용직	자유직업소득자
계약관계	고용관계	1일 단위 등의 근로계약	사업주와 독립적인 관계
원천징수	기본세율	일당 15만 원 초과분은 6.6%	지급금액의 3.3%
소득세 정산	연말정산	별도로 없음.	종합소득세 신고
4대보험료 부담	• 사업주 : 50% • 근로자 : 50%	• 원칙 : 좌동 • 예외 : 1개월 미만 근무 시 건강보험/국민연금 가입의무 없음(단, 고용보험과 산재보험은 무조건 가입).	사업소득자만 부담

위의 표를 보면 소득의 종류에 따라 세금정산방법이나 4대보험료 부담관계가 달라진다. 따라서 소득을 지급하기 전에 소득의 분류부터 정확히 하는 것이 좋다.

1) 정직원과 일용직의 구분

일용직은 특정 고용주에게 계속해서 고용되어 있지 않고, 일급 또는 시간급 등으로 받는 급여자를 말한다(세법은 통상 동일 고용주 다음 3개월 미만 근무자, 건설공사는 1년 미만 기준). 이에 반해 정직원은 계속 고용된 자를 말한다.

2) 일용직과 자유직업소득자의 구분

일용직에 해당함에도 불구하고 이를 자유직업소득자로 신고하는 경우에는 세무상 쟁점도 발생한다. 무엇보다도 근로기준법의 위반 소지가 있다. 따라서 이를 위반하면 과태료 등의 제재가 있으므로 주의해야 한다. 일반적으로 정직원이나 일용직은 고용계약서나 근로계약서가 존재하나, 자유직업소득자의 경우 이런 계약을 별도로 하지 않는다.

참고로 위의 정직원인지, 일용직인지, 또는 자유직업소득자인지 여부는 근로제공자가 업무 또는 작업에 대해 거부할 수 있는 권한이 있는지, 시간적 · 장소의 제약을 받는지, 업무수행과정에 있어서 구체적인 지시를 받는지, 복무규정의 준수의무 등을 종합적으로 판단한다.

2. 법인이 인건비 등을 제대로 처리하는 방법

위와 같이 소득의 종류가 파악되었다면 이에 맞게 세무나 4대보험 등의 업무를 제대로 처리하는 것이 중요하다. 이에 대해 정리해보자.

1) 비용 처리법

인건비를 지급하면 해당 금액은 사업자의 비용으로 인정된다(단, 개인

기업의 대표자 급여는 불인정). 이때 법인주주의 가족에게 인건비를 지급할 때에는 실제 근무를 했음을 입증할 수 있는 근거를 확보해두는 것이 좋다.

2) 원천징수

직원으로 고용되어 근무하면 근로소득, 일용직으로 근무하면 일용직 근로소득으로 봐서 세법에 맞게 원천징수를 해야 한다.

구분	원천징수세율	세금 정산
근로소득	기본세율	다음 해 2월 중 연말정산
일용직 근로소득	6.6%(일당 15만 원 공제)	없음.
사업소득	3.3%	다음 해 5월 중 소득세 정산

참고로 이렇게 원천징수한 내역은 법에서 정한 기한까지 지급명세서를 제출해야 한다.

구분	제출시기
근로 · 퇴직 · 사업소득 · 종교인소득 · 연금계좌	다음 연도 3월 10일
일용근로소득	지급일이 속하는 달의 다음 달 10일
이자·배당·기타소득 등 그 밖의 소득	지급일이 속하는 연도의 다음 연도 2월 말일

3) 4대보험

직원을 고용하면 4대보험료를 부담해야 한다. 일용직의 경우에는 1개월 중 8일 이상 근무하거나 60시간 이상 근무 시 국민연금과 건강보험 가입의무가 있으며 고용보험은 무조건 가입해야 한다. 2024년 기준 4대보험요율은 다음과 같다.

구분	사업자	근로자	계
국민연금	4.5%	4.5%	9.0%
건강보험*	3.545%	3.545%	7.09%
고용보험	1.15~1.75%	0.9%	2.05%
산재보험	업종별 규정	-	-
계	9.195% 이상	8.945% 이상	18.14% 이상

* 장기요양보험료는 건강보험료의 12.95%만큼 부과된다. 등기임원은 고용보험과 산재보험 가입의무가 면제된다.

4) 퇴직금 발생

1년 이상 직원을 고용하면 퇴직금 지급의무가 발생한다. 퇴직금은 계속근로기간 1년에 대해 30일분 이상의 평균임금을 지급해야 한다(근로자퇴직급여보장법 제8조).

5) 고용증가에 대한 세제혜택

고용은 국가 입장에서 매우 중요한 덕목이다. 세법은 이런 기조를 지원하기 위해 고용을 늘리는 기업에게 파격적인 세제지원을 해주고 있다. 대표적인 것이 바로 통합고용세액공제(1인당 연간 최대 1,550만 원을 지원)가 있다. 관련 내용은 제5장에서 살펴보겠다.

심층분석 2 경영인 보장성보험 비용 처리법

경영인 정기보험이란 것이 있다. 이는 대표이사 등 임원을 피보험자로, 법인을 수익자 및 계약자로 하는 보험으로, 만기에 환급금이 없으나 중도해약 시 환급금이 있는 형태로 시판이 되고 있다. 그런데 이에 대한 세무회계처리를 두고 회사의 실무자 등이 혼란을 겪고 있다. 세법이 이에 대해 정확한 세무처리 방향을 제시하고 있지 않기 때문이다. 이와 관련된 세무상 쟁점을 알아보자.

1. 경영인 정기보험 관련 세무관리법

경영인 정기보험과 관련해서 세무관리법을 정리하면 다음과 같다.

1) 자산과 비용의 구분

보험료 지출에 대한 회계처리의 기본은 자산과 비용을 정확히 구분하는 것이다. 따라서 자산을 비용으로 또는 비용을 자산으로 처리하는 것은 회계처리의 불투명성을 말하는 것으로 불필요한 세무간섭을 받게 된다.

2) 과도한 보험료 지출에 유의

세법은 회사의 자금을 무분별하게 사용하는 것을 극도로 싫어한다. 특히 그 대상이 임원이나 주주인 경우는 더더욱 그렇다.

따라서 보험료가 과도하게 지출된 경우에는 다양한 규정을 들이대며 이를 적용할 가능성이 높다. 그중 대표적인 것이 바로 업무무관자산 비용에 대한 손금불산입, 과다 인건비 또는 과다복리후생비 등에 대한 손금불산입 규정이다. 따라서 보험료는 회사의 규모에 맞게 지출되는 것이 바람직하다.

3) 보험료 지출 전 검토할 사항들

보험료를 지출하기 전에 회사의 자금상황을 고려해서 가입규모를 결정한다. 이때 과도한 보험료 지출은 금물이다. 보험료 지출의 경우, 정관이나 지급규정을 별도로 두는 것이 없는 것보다는 입증 시 더 나을 수 있으나, 이런 규정이 있더라도 무조건 손금 등으로 인정받는다는 것은 아님에 유의해야 한다.

2. 적용 사례

사례를 통해 앞의 내용을 확인해보자.

자료

K법인에서는 이번에 만기가 없는 경영인 정기보험에 가입했다. 월 보험료는 500만 원이며 불입기간은 10년이다(총보험료 6억 원). 다음 물음에 답해보자.

Q 납입하는 보험료에 대한 회계처리는 어떻게 해야 할까?

보험료 중 소멸성 보험료(사업비 등)는 비용으로, 나머지는 자산으로 구분해야 한다.

※ 서면-2018-법인-1779, 2018. 7. 18

내국법인이 대표이사를 피보험자로 하고 계약자와 수익자를 법인으로 하는 보장성보험에 가입한 경우, 법인이 납입한 보험료 중 만기환급금에 상당하는 보험료 상당액은 자산으로 계상하고, 기타의 부분은 이를 보험기간의 경과에 따라 손금에 산입하는 것이다. 피보험자인 대표이사의 퇴직기한이 정해지지 않아 사전에 해지환급금을 산정할 수 없어, 만기환급금에 상당하는 보험료 상당액이 없는 경우에는 내국법인이 납입한 해당 보험료를 보험기간의 경과에 따라 손금에 산입하는 것이다. 상기 보장성보험의 해약으로 지급받는 해약환급금은 해약일이 속하는 사업연도의 소득금액 계산 시 익금에 산입하는 것이다.

1. 사실관계

• (주)○○(이하 '질의법인'이라 함)은 대표이사를 피보험자로 하는 다음의 보장성 보험에 가입했으며, 해당 보험은 대표자의 퇴직시점을 예상하기 어려워 해지환급금을 산정할 수 없음.

① 보험명 : ○○○생명 무배당 프리미엄 경영인 정기보험
② 계약자 및 수익자 : 법인
③ 피보험자 : 대표이사
④ 보험기간 : 90세 만기, 납입기간 : 47년(월 보험료 1,590,000원)
⑤ 사망보험금 : 피보험자가 보험기간 중 사망했을 때 가입금액(2억 원)
⑥ 만기환급금은 없으나, 중도해지 시에는 해지환급금이 있음.

• 내국법인이 대표이사를 피보험자로 하고, 법인을 보험계약자 및 수익자로 하는 만기환급금이 없는 보장성보험에 가입하는 경우 납입보험료의 손금산입 여부

Q 보험료를 자산과 비용으로 나누는 기준은?

이에 대한 기준은 회사 스스로가 기업회계기준 등을 고려해서 마련해야 한다. 해당 금융회사를 통해 이에 대한 자료를 입수해서 회계처리에 대한 타당성을 갖춰야 한다.

▶ 납입시점에 객관적인 근거에 따라 안분해서 해약환급금 상당액에 해당하는 금액은 자산으로, 나머지는 비용으로 처리하는 것이 타당하다고 보인다.

Q 소멸성 보험료를 손금산입하라는 의미는 손금으로 인정한다는 의미인가?

그렇지 않다. 이는 회계처리를 자산으로 한 경우 자산이 아닌 비용으로 처리하라는 세법상의 용어에 해당한다.

Q 해약환급금은 법인의 수익에 해당하는가?

그렇다. 따라서 이에 대해서는 법인세가 과세되는 것이 원칙이다.

Q 보험계약을 퇴직급여나 배당금으로 지급할 수 있는가?

그렇다. 보험계약에 따라 평가된 금액도 현금과 같은 기능을 하기 때문이다.

제 5 장

가족법인의 법인세 절세법

01

가족법인의 결산절차

법인세는 궁극적으로 손익계산서상의 당기순이익에 의존하므로 각 회사의 회계처리 방법에 따라 세금의 크기가 달라질 수 있다. 물론 세법은 회사가 자의적으로 처리하는 것에 대해서 비용을 부인하는 방법 등으로 규제하고 있지만, 회계처리를 대부분 그대로 인정하고 있는 실정이다. 다음에서는 결산 관련 세무상 쟁점 등을 살펴보자.

1. 결산 관련 세무관리법

결산은 회사의 실적을 외부에 공개하는 수단이 되는 한편, 법인세나 소득세의 크기를 결정하는 아주 중요한 업무에 해당한다. 따라서 다음과 같은 사항들을 중점적으로 점검해야 한다.

1) 부가가치세 신고서 검토

부가가치세 신고서상의 매출과 손익계산서상의 매출을 비교해 그 차이가 나는 원인을 분석해야 한다. 또한, 부가가치세법상의 공급시기와 법인세법상의 매출귀속시기가 차이가 나지 않는지도 검토해야 한다. 외부와의 장기간 계약을 통해 매출을 달성하는 회사는 계약서의 내용과 회계처리가 일치하는지도 점검해야 한다.

2) 결산조정 항목의 장부반영

일반적으로 현금의 유·출입과 관련된 항목들은 회계처리를 누락하기가 쉽지 않다. 그렇게 되면 장부시재가 맞지 않거나 기타 세법상 문제가 발생하기 때문이다. 하지만 다음과 같이 회사가 임의로 계상할 수 있는 감가상각비 등은 장부에서 누락하기가 쉽다. 이렇게 되면 세법상 비용으로 처리가 되지 않으므로 상당히 주의해야 한다.

구분	내용
감가상각비	감가상각비를 결산에 반영하지 않으면 원칙적으로 세무조정으로 손금에 산입할 수 없음(임의상각제도).
충당금	대손충당금은 결산 때 반영해야 하나 일시상각충당금제도 등은 세무조정을 통해 손금에 산입할 수 있음.
자산의 폐기 또는 평가손	시설의 개체·낙후로 인한 생산설비의 폐기손실은 장부가액에서 1,000원을 공제하고 결산 때 비용에 반영할 수 있음.

3) 가지급금과 가수금의 정리

회사의 회계처리는 통장 거래를 기반으로 한다. 따라서 통장에서 입금되거나 출금되는 내용은 빠짐없이 정리되어야 하는 것이 원칙이다. 하지만 돈이 입금되었는데 그 내역을 모르거나, 돈을 지급했는데 지급된 항목을 처리하지 않으면, 보유하고 있는 시재와 장부상의 시재에서 차이가 난다. 가지급금은 주로 돈은 유출되었는데 상대방의 계정과목이 확정되지 않았을 때, 가수금은 주로 돈은 유입되었는데 상대방의 계정과목이 나타나지 않았을 때 발생하는 계정들이다. 이런 가지급금과 가수금은 회사의 회계처리가 투명하지 않다는 것을 의미한다. 따라서 평소에 이들 계정과목이 나타나지 않도록 경리회계부문을 강화하는 것이 매우 필요하다. 만일 그래도 이런 계정과목들이 나타났을 때는 가지급금은 대표이사에 대한 대여금으로 표시하고 세법상의 인정이자만큼을 장부에 반영하고 가수금은 차입금 등으로 정리할 필요가 있다.

2. 적용 사례

사례를 통해 앞의 내용을 확인해보자.

자료

K법인은 서울에서 서비스업을 영위하고 있다. 이 법인에서는 2023년 귀속 실적에 대한 결산 시 다음과 같은 회계처리를 행했다. 각각의 항목에 대한 회계처리가 세무에 어떤 영향을 미치는지 물음에 답해보자.

① 비품에 대한 감가상각비를 계상하지 않았다.

② 자본적 지출을 수익적 지출로 처리했다.

Q ①의 경우 어떤 문제가 있는가?

감가상각비의 경우 원칙적으로 임의상각제도[22]를 도입하고 있으므

22) 감가상각비를 해당 연도에 비용으로 처리하지 않고, 다음 연도에 계상해도 세법은 이를 제재하지 않는다는 것을 말한다. 기업회계는 발생주의에 따라 당해 연도의 비용으로 처리하는 것이 원칙이다.

로 세법에서 정하는 한도초과를 벗어나지 않는 한 세법상 문제가 없다. 따라서 사례 ①의 경우에는 감가상각비를 미계상한 금액이 한도 내에 있으므로 세법상 문제점이 전혀 없다. 단, 이 법인이 조세감면을 받은 경우라면 감가상각을 한 것으로 의제하는 제도가 적용된다.[23]

Q ②의 경우에는 어떤 문제가 있는가?

원칙적으로 수익적 지출은 당기비용으로 처리가 되어야 하며, 자본적 지출은 자산으로 처리된 후 감가상각을 통해 비용으로 배분되어야 한다. 따라서 사례의 경우 자본적 지출(자산)을 수익적 지출(비용)로 처리했다면 당해 사업연도의 소득금액은 과소계상되며, 그 이후 사업연도에는 감가상각비의 과소계상으로 인해 소득금액이 증가한다. 따라서 법인세 신고 때 세무조정을 해서 이에 대한 내용을 바로잡아야 한다. 참고로 세법에서는 수익적 지출과 자본적 지출을 다음과 같이 구분하고 있다.

구분	수익적 지출	자본적 지출
개념	고정자산의 원상회복 또는 능률 유지를 위한 지출	고정자산의 내용연수 연장 또는 가치증가를 위한 지출
예	• 건물 또는 벽의 도장 • 파손된 유리나 기와의 대체 • 기타 조업 가능한 상태의 유지 등	• 본래의 용도를 변경하기 위한 개조 • 기타 개량·확장·증설 등

23) 조세감면을 많이 받기 위해 감가상각비를 일부러 계상하지 않는 것을 방지하기 위한 것이다. 즉 회사가 감가상각비 계상 없이 조세감면을 받은 경우, 감가상각비를 계상한 것으로 보겠다는 것을 의미한다.

Tip 결산 일정과 지침

법인 등은 다음과 같은 절차에 따라 결산을 진행하는 것이 좋다.

일정	지침
결산 일정 통보	해당 부서에 통보
일반관리비, 판매비, 제조경비, 영업 외 수익·비용 마감	재고자산 조사 고정자산 마감 및 감가상각비 계상 판매관리비, 제조경비 등 마감 영업외수익·비용 마감(예·적금이자, 차입금이자 등)
채권·채무 확정	채권·채무 실사 유동성장기부채 대체 현재가치할인차금 등 계상
원가계산 확정	제조회사나 건설업 등에서 필요한 업무
결산대책(안) 수립	가결산된 상태에서 결산의 타당성 및 세금 등의 영향을 분석해 대책을 수립
재무제표 및 부속명세서 작성	감사보고서, 주석 사항 등 포함
회계감사 수감	• 상장 : 무조건 • 비상장 : 자산, 부채, 매출액, 종업원 수 기준에서 2개 이상 조건 충족 시
결산보고서 작성	앞의 과정을 통해 결산이 확정된 경우에 결산보고서 작성
세무신고	법인세(12월 말 법인은 익년 3월, 개인회사는 익년 5월 중) 신고

02

법인세의 구조와 계산

법인세는 법인이 가득한 소득에 9~24%(2023년 이후)의 세율로 과세된다. 따라서 법인세는 기업회계상의 당기순이익에 절대적으로 이에 의존하게 된다. 이하에서 법인세의 계산구조 등을 알아보자.

1. 법인세 계산구조

구분		내용
결산서상 당기순손익		기업회계기준에 의해 도출
소득금액 조정	익금산입	과세소득을 늘리는 세무조정
	손금산입	과세소득을 줄이는 세무조정
(=) 차가감소득금액 (+) 기부금한도초과액 (-) 기부금한도초과이월액손금산입		기부금한도초과분은 이월손금산입됨.
(=) 각 사업연도 소득금액 (-) 이월결손금 등		15년 이전에 발생한 이월결손금을 말함.

구분	내용
(=) 과세표준 (×) 세율	2억 원 이하 9%, 2~200억 원 이하 19% 등
(=) 산출세액 (-) 공제감면세액 (+) 가산세액	세액공제나 세액감면 신고불성실가산세 등
(=) 총부담세액 (-) 기납부세액	중간예납세액 등
(=) 차가감납부할 세액	

2. 적용 사례

K기업의 손익계산서는 다음과 같다. 물음에 답해보자.

구분	금액	비고
매출액	100억 원	
- 매출원가	50억 원	
= 매출총이익	50억 원	
- 판매관리비	40억 원	• 인건비 20억 원 • 지급수수료 10억 원 • 기타 10억 원
= 영업이익	10억 원	

Q 인건비에는 성과급 2억 원이 포함되었다. 세무회계상 문제는 없는가?

임직원들이 받은 성과급은 목표달성 등에 따라 주어진 급여 등을 말한다. 따라서 이 금액이 사전에 정해진 절차에 따라 지급되었다면 세무회계상의 관점에서는 문제가 없을 것으로 보인다.

▶ 만약 이익조절용으로 비치면 이익처분을 위한 상여로 봐서 비용으로 인정되지 않을 가능성이 높다. 이에 대해서는 뒤에서 살펴본다.

Q 만일 차입금에 대한 이자비용이 2억 원이라면 법인세차감전이익은 얼마인가?

이자비용은 영업외비용에 해당한다. 따라서 영업이익에서 이 금액을 차감하면 법인세를 차감하기 전의 이익은 8억 원이 된다.

Q 이 경우 국가에 내야 할 세금은 얼마나 되는가?

법인세차감 전의 이익 8억 원에 대해 19%의 세율을 곱한 후 누진공제 2,000만 원을 차감하면 1억 3,200만 원이 나온다. 한편 지방소득세 10%를 반영하면 총법인세 등은 총 1억 4,520만 원이 된다.

Q 당기순이익은 얼마나 되는가?

8억 원에서 1억 4,520만 원을 차감하면 6억 5,480만 원이 당기순이익이라고 볼 수 있다. 단, 여기서 계산된 법인세 등은 대략 계산한 것이다. 법인세는 이월결손금 등을 차감해 재계산하면 해당 금액이 달라질 수 있기 때문이다.

03

법인세 절세원리

가족이 운영하는 법인에서 이익이 많이 발생했다고 하자. 이 경우 법인세가 상당히 많을 수 있다. 그렇다면 이들 법인은 어떤 식으로 절세할 수 있을까? 이에 대해 알아보자.

1. 법인세 절세원리

1) 법인세 계산구조와 절세원리

법인세는 손익계산서상의 당기순이익에 세법을 위배한 내용 등을 가감해 세법상의 과세소득을 산출하게 된다. 따라서 다음의 법인세 계산구조를 정확히 이해해야 절세를 할 수 있다.

구분		절세원리
결산서상 당기순손익		기업회계상 당기순이익이 적정해야 한다.
소득금액 조정	익금산입/ 손금불산입	과다경비 등 세법에서 정하고 있는 내용을 위배하지 않아야 한다.
	손금산입/ 익금불산입	세법에서 인정하고 있는 손금산입 혜택을 제대로 누리도록 한다.
(=) 차가감소득금액 (+) 기부금한도초과액 (−) 기부금한도초과이월액손금산입		
(=) 각 사업연도 소득금액 (−) 이월결손금 등		이월결손금을 누락시키지 않는다.
(=) 과세표준 (×) 세율		
(=) 산출세액 (−) 공제감면세액 (+) 가산세액		세액공제나 세액감면제도를 적극적으로 활용한다. 가산세를 부담하지 않는다.
(=) 총부담세액 (−) 기납부세액		
(=) 차가감납부할 세액		

2) 법인세 절세원리

법인세 절세원리는 다음과 같이 요약할 수 있다.

첫째, 당기순이익을 사전에 조절할 수 있어야 한다.
이런 수단에는 다음과 같은 것들이 있다.

- 임직원 특별성과급 지급
- 감가상각비 조절

- 광고선전비 조기 집행
- 자회사를 통한 거래 등

둘째, 세법에서 정하고 있는 내용을 위배하지 않아야 한다.
이에는 대표적으로 다음과 같은 것들이 있다.

- 부당경비 : 가사비용 등
- 과다경비 : 한도 초과 등

셋째, 조세감면혜택을 제대로 누릴 수 있어야 한다.
이에는 다음과 같은 것들이 있다.

- 세액공제 : 투자, 고용, 연구개발 관련 세액공제 등
- 세액감면 : 중소기업특별세액감면, 창업중소기업세액감면 등

2. 적용 사례

K법인에서는 이번 연도에 이익이 상당히 많이 나서 이익률이 무려 40%에 이른다. 동종업계 평균은 30%인 바, 추가되는 이익에 대해 세금을 내는 것보다는 차라리 직원들에게 성과급을 지급하는 안을 검토하고 있다. 이 기업의 매출이 10억 원이고, 5,000만 원을 성과급으로 지급하는 경우의 경제적인 효과를 분석해보자. 이 외 상황은 무시한다.

이에 대한 답을 표로 정리하면 다음과 같다.

구분	현재 상황	성과급지급 후	비고
이익률	40%	35%	-
이익	4억 원	3억 5,000만 원	5,000만 원↓
산출세액	이익 4억 원 ×세율 9~24% =산출세액 5,600만 원	이익 3억 5,000만 원 ×세율 9~24% =산출세액 4,650만 원	950만 원↓
가처분소득	3억 4,400만 원	3억 350만 원	4,050만 원↓

이 표를 보면 당초 내야 할 세금은 5,600만 원이나 성과급처리로 인해 950만 원 정도의 세금이 줄었다. 즉, 직원의 사기진작을 위해 5,000만 원이 쾌척되었는데, 이 중 950만 원은 세금감소의 혜택이 기업에 주어진 것이다.

다만, 이런 분석을 할 때는 추가되는 4대보험료나 증가하는 근로소득세 등을 감안해야 한다. 따라서 이런 요소를 추가하면 앞의 절세금액이 줄어드는 것이 일반적이다.

▶ 이와 같은 모형을 채택할 때는 사전에 이에 대한 지급기준이 마련되는 것이 좋다. 다음의 내용을 참조하자.

※ 중소기업인력법 시행령

제26조의 2(성과공유 유형 및 성과공유기업의 확인)

1. 중소기업과 근로자가 경영목표 설정 및 그 목표달성에 따른 성과급 지급에 관한 사항을 사전에 서면으로 약정하고 이에 따라 근로자에게 지급하는 성과급 제도의 운영

Tip 법인세 신고 시 주의해야 할 것들

법인세를 잘못 신고하면 가산세 등의 부작용이 발생한다. 따라서 다음과 같은 내용에 대해서는 주의를 요구한다.

1. 정규증빙 수취대상 계정과목에 대한 원가계상 적정 여부

재무상태표, 손익계산서, 부속명세서의 계정과목 중 정규증빙 수취대상인 임차료, 수수료, 외주비 등에 대해 정규증빙 없이 과다하게 계상한 경우 관련 비용에 대해 손금 부인 후 소득귀속에 따라 대표자 상여처분 등

2. 법인의 업무목적 이외 신용카드 등 사용 여부

법인신용카드·직불카드 등 사용 자료 중 피부미용실, 성형외과, 해외여행, 입시학원 등 업무와 관련 없는 경비를 복리후생비, 수수료 계정 등으로 회계처리한 비용이 있는 경우 손금부인 후 소득귀속에 따라 대표자 상여처분 등

3. 상품권 과다 매입 후 법인의 업무목적 이외의 사용 여부

법인카드 등으로 상품권을 구입해 업무목적 이외에 사용하고, 복리후생비, 수수료 계정 등으로 회계처리한 경우 손금부인 후 소득귀속에 따라 대표자 상여처분 등

- 상품권을 접대의 목적으로 사용한 경우에는 기업업무추진비로 계상하고 한도액 시부인 계산해 한도초과액은 손금불산입 기타 사외유출 처분

4. 실제 근무하지 않는 대표이사·주주의 가족에 대한 인건비 계상 여부

실제로 근로를 제공하지 않는 대표이사·주주 등의 가족 등에게 지급한 것으로 처리한 인건비는 손금부인 후 소득귀속에 따라 대표자 상여처분 등

5. 자료상 등 불성실 납세자와의 거래 적정 여부

실물 거래 없이 자료상, 세금계산서 발급위반자, 폐업자로부터 세금계산서 등을 수취해 원가 등에 계상한 경우 관련 비용은 손금부인 후 소득귀속에 따라 대표자 상여처분 등

6. 법인전환, 세무조사 후 원가 과다계상 여부

개인에서 법인으로 전환한 사업자로서 특별한 사유 없이 신고소득률이 동종업종 대비 저조하거나 전년 대비 감소한 원인이 원가의 과다계상 및 매출누락인 경우 손금부인 또는 익금산입 후 대표자 상여처분 등

세무조사를 받은 후 특별한 사유 없이 신고소득률이 조사를 실시한 사업연도보다 하락한 경우 원가의 과다계상액에 대해 손금부인 후 대표자 상여처분 등

7. 업무 목적 이외 사용한 경비를 사업소득 지급 등으로 처리 여부

기업자금을 업무 목적 이외의 용도로 유출하고 지급수수료 등으로 계상한 후 실제 용역을 제공하지 않은 친족 등에게 사업소득을 지급한 것으로 처리해 사업소득지급명세서를 제출한 경우 손금부인 후 소득귀속에 따라 대표자 상여처분 등

앞에서 살펴본 내용은 주로 가족법인에서 많이 볼 수 있는 리스크 유형들이다. 특히 고가의 사치품을 법인카드로 사용하거나 근무하지도 않은 가족들의 급여를 비용으로 처리하는 경우 세무리스크가 가중됨을 인식해야 한다. 소탐대실의 우를 범하지 않도록 하자.

04

이익조절을 위한 상여처리 시 주의할 점들

법인이 이익조절을 위해 임원에게 특별상여금을 지급하는 때도 있다. 이 경우 자칫 잘못하면 이익처분에 해당되어 법인의 비용으로 인정이 되지 않을 가능성도 있어 주의를 요구한다. 이에 대한 세무상 쟁점 등을 정리해보자.

1. 임원 상여금과 세법의 규정

임원 상여금은 세법상 규제의 강도가 세다. 따라서 각 회사는 사전에 이에 대한 세법상의 규제내용을 이해할 필요가 있다. 우선 법인세법 시행령 제43조 규정을 전체적으로 보고 각 내용을 정리해보자.

> 제43조(상여금 등의 손금불산입)
> ① 법인이 그 임원 또는 직원에게 이익처분에 의하여 지급하는 상여금은 이를 손금에 산입하지 아니한다. 이 경우 합명회사 또는 합자회사의 노무출자사원에게 지

급하는 보수는 이익처분에 의한 상여로 본다.
② 법인이 임원에게 지급하는 상여금 중 정관·주주총회·사원총회 또는 이사회의 결의에 의하여 결정된 급여 지급기준에 의하여 지급하는 금액을 초과하여 지급한 경우 그 초과금액은 이를 손금에 산입하지 아니한다.
③ 법인이 지배주주 등(특수관계에 있는 자를 포함한다)인 임원 또는 직원에게 정당한 사유 없이 동일 직위에 있는 지배주주 등 외의 임원 또는 직원에게 지급하는 금액을 초과하여 보수를 지급한 경우 그 초과금액은 이를 손금에 산입하지 아니한다.

첫째, 특별상여금이 이익처분에 해당하지 않도록 해야 한다.

앞의 제1항에서 임원 등에게 이익처분에 따라 지급하는 상여금은 손금에 산입하지 않는다. 사전에 지급기준 없이 이익조절을 과도하게 할 때 이런 규정이 적용될 수 있다.

- 임원(지배주주의 가족 포함)들에게 특별상여를 지급할 때는 그에 대한 지급근거(특별상여의 지급기준 및 구체적인 산정방법 등)를 미리 갖춰두는 것이 좋을 것으로 보인다.

둘째, 임원 상여 등에 대한 지급기준은 구체적으로 정해져야 한다.

이는 제2항과 관련이 있는 것으로 임원 상여의 경우 주주총회 등에서 결정된 지급기준에 따라 지급되면 큰 문제는 없다. 하지만 임시주주총회 등을 개최해 지급기준을 임의로 고쳐 지급하면 세무리스크가 가중된다.

- 법인설립 초기에 이에 대한 지급기준(정관 등)을 제대로 갖춰두고 별도의 상여금 지급규정을 만들어 이를 계속 적용하는 것이 좋을 것으로 보인다.

※ 법인 46012-206, 1998. 1. 26.

귀 질의의 경우 법인이 임원에 대한 급여(상여금 포함) 지급기준을 주주총회의 결의에 따라 정하면서 전체 임원에 대한 총급여한도액만을 정하고, 실제로 임원에게 상여금을 지급할 때에는 사용인에 대한 급여 지급규정상의 상여금지급비율을 준용하여 지급한 경우에도 당해 상여금은 손금산입대상 상여금으로 볼 수 있는 것임.

셋째, 지배주주인 임원에게 지급되는 상여는 형평성 있게 지급되어야 세법상 문제가 없다.

이는 제3항과 관련이 있는 것으로 제2항에 따라 급여 지급기준 범위 내에 있더라도 지배주주인 임원에게 정당한 사유 없이 상여금을 과다하게 지급하면 이를 문제로 삼을 수 있다는 것을 의미한다. 따라서 지배주주인 임원에 대해서는 사전에 '정당한 사유'를 입증할 수 있는 근거를 만들어 지급하는 것이 좋다. 예를 들어 전년도보다 매출액이 증가하는 것을 근거로 상여금을 지급한다면 이에 대한 입증자료(해당 임원의 경영실적, 담당업무의 성질·중요도·소요 시간, 책임의 경중 등)를 최대한 준비해두는 식이 된다. 참고로 앞의 지배주주는 100분의 1 이상의 주식을 소유한 주주(특수관계인 포함) 중 가장 많은 경우의 해당 주주들을 말한다(제7항 등 참조).

2. 적용 사례

사례를 통해 앞의 내용을 확인해보자.

자료 ●●●

(주)서울에서는 2023년 결산을 진행하면서 임원들(이사 2인, 감사 1인)에게 특별상여금을 1억 원씩 지급하려고 한다. 물음에 맞게 답해보자.

Q 임원에 대한 상여금에 대해 상법은 어떤 식으로 규제하고 있는가?

상법 제388조에 의하면 이사의 보수지급에 대해 정관에 그 한도액을 정하지 않을 때는 주주총회의 결의로 정하도록 하고 있다.

Q 임원 상여금에 대한 회사 내부의 지급규정이 있다면 세법상 문제점은 없을까?

세법에서는 다음과 같이 정관이나 주주총회 또는 이사회 결의에 의해 결정된 기준에 따라 지급되는 상여는 손금으로 인정하고 있다.

> ※ 관련 규정 : 법인세법 시행령
>
> 제43조(상여금 등의 손금불산입)
>
> ② 법인이 임원에게 지급하는 상여금 중 정관·주주총회·사원총회 또는 이사회의 결의에 의하여 결정된 급여 지급기준에 의하여 지급하는 금액을 초과하여 지급한 경우 그 초과금액은 이를 손금에 산입하지 아니한다.

Q 이 사례에서 이사가 독자적으로 결정해도 문제가 없을까?

그렇다. 가족법인이면 이사회를 구성할 수 없고, 각 이사가 의사결정을 하기 때문이다. 따라서 앞의 이사 2명이 합의에 따라 지급을 하면 세법상 문제가 없다고 판단된다. 다만, 실무상 논란이 될 수 있으므로 가급적 주주총회 형식을 빌려 이에 대해 정하는 것이 좋을 것으로 보인다.

구분	상법	세법	비고
일반법인	정관 또는 주주총회 결의	좌 + 이사회 결의	
가족법인	상동	–	각 이사가 결정해도 세법상 문제는 없음.

참고로 임원의 보수는 법인의 재량에 속하는 것으로 경영실적, 재무현황, 지위 및 담당업무 등을 종합적으로 고려해 자유롭게 정할 수 있는 것이다. 그러므로 특별한 사정이 없으면 법인이 주주총회 또는 이사회의 결의에 따라 결정된 급여 지급기준에 의해 지급하는 상여금은 이를 손금에 해당한다(조심 2010부2005, 2010. 12. 21, 조심 2016중3852, 2017. 10. 23).

Q 만일 주주총회 결의 등을 통해 특정임원을 우대해 지급하는 식으로 하면 어떤 문제가 있을까?

법인세법 시행령 제43조 제3항에서는 법인이 지배주주 등인 임원 또는 직원에게 '정당한 사유' 없이 동일 직위에 있는 지배주주 등 외의 임원 또는 직원에게 지급하는 금액을 초과해 보수를 지급한 경우 그 초과금액은 이를 손금에 산입하지 않도록 하고 있다. 따라서 '정당한 사유'를 입증하지 못하면 이런 리스크가 초래된다.

Q 특정임원이 매출신장에 지대한 공헌을 세워 특별상여금을 받았다. 이 경우 '정당한 사유'에 해당될까?

이에 대한 구체적이고 객관적인 지급근거를 입증할 수 있다면 세법은 이를 부인할 수 없을 것이다. 하지만 이런 근거를 제시하지 못한 경우에는 이익처분의 하나로 봐서 손금부인을 당할 수 있다(조심 2022서5972, 2022. 12. 29 등 참조).

▶ 이 내용은 지배주주인 사용인이나 가족 등에게도 동일하게 적용된다.

05

가족법인과 조세감면제도

가족법인도 조세특례제한법상 각종 세액공제와 세액감면제도를 활용할 수 있다. 이에 대한 주요 내용을 정리하면 다음과 같다.

구분	내용	주요 내용
세액공제	투자금액의 10% 등을 곱하거나 1,000만 원 등 정액을 공제하는 방식	• 통합투자세액공제 • 통합고용세액공제 등
세액감면	산출세액의 10% 등을 곱해 감면을 적용하는 방식	• 창업중소기업 세액감면 • 중소기업특별세액감면 등

다음에서는 가족법인이 알아두면 좋은 세액공제와 세액감면제도를 몇 가지 정도만 정리해보자.

1. 통합투자세액공제

조세특례제한법 제24조에서는 기업이 사업용 유형자산(기계장치 등을 말함. 운용리스나 중고품 등은 제외)에 투자한 경우 다음과 같이 통합투자세액공제를 적용한다. 특히 2023년에 투자하면 22%(2024년 말까지 연장 예정)까지 공제받을 수 있다.

- (공제율) 당기분 기본공제(Ⓐ) + 투자 증가분 추가공제(Ⓑ)
  - (기본공제(Ⓐ)) 당해 연도 투자액 × 기본공제율(중소 10%, 중견 3%, 대 1%)
  - (추가공제(Ⓑ)) [당해 연도 투자액-직전 3년 평균 투자액] × 추가공제율(모든 기업 3%)

다만, 조세특례제한법 제130조에서는 수도권 과밀억제권역 내의 투자에 대해서는 이 공제를 원칙적으로 적용하지 않는다. 인구집중 등을 억제하는 취지에서다. 다만, 신규 증설 투자가 아닌 대체 투자(기존의 기계장치를 대체) 시에는 이 혜택을 받을 수 있다.

※ 수도권 과밀억제권역 투자에 대한 세액공제 적용 판단

구분	1990. 1. 1 이후 사업개시		1989.12. 31 이전 사업개시	
	증설 투자	대체 투자	증설 투자	대체 투자
일반기업	×	×	× (산업단지 · 공업지역 ○)	○
중소기업	× (산업단지· 공업지역 ○)	○		

2. 통합고용세액공제

2023년부터 고용지원 관련 세액공제제도가 통합되어 적용되고 있다. 앞에서 본 투자 관련 세액공제가 '통합투자세액공제'로 개편된 것처럼 고용지원 관련 세액공제도 '통합고용세액공제'로 일원화된다는 것이다. 이 제도는 중요하므로 좀 더 자세히 알아보자.

1) 적용대상

이 제도는 소비성 서비스업 정도만 제외되고 모든 기업에 적용된다.

⦿ 가족은 해당 사항이 없다. 조세특례제한법 제29조의 8 제4항을 참조하기 바란다.

2) 공제율

종전의 고용증대 세액공제(400~1,200만 원, 중소 3년 지원), 사회보험료 세액공제(사용자분 사회보험료의 50~100% 감면, 2년 지원), 경력단절여성 세액공제(인건비의 15~30%, 2년 지원), 정규직 전환 세액공제(700~1,000만 원, 1년 지원), 육아휴직 복귀자 세액공제(인건비의 15~30%, 1년 지원) 대신에 이를 통합해 다음처럼 기본공제와 추가공제를 적용한다.

• 기본공제 : 고용증가인원 × 1인당 세액공제액

구분	공제액(단위 : 만 원)			
	중소(3년 지원)		중견 (3년 지원)	대기업 (2년 지원)
	수도권	지방		
상시근로자	850	950	450	-
청년 정규직, 장애인, 60세 이상, 경력단절여성 등	1,450	1,550	800	400

- 우대공제 대상인 청년 연령범위* 확대, 경력단절여성을 우대공제 대상에 추가

* 청년 연령범위 : 15~34세(2022년 이전은 15~29세)

- 공제 후 2년 이내 상시 근로자 수가 감소하는 경우 공제금액 상당액을 추징

• (추가공제) : 정규직 전환·육아휴직 복귀자 인원 × 공제액

구분	공제액(단위 : 만 원)	
	중소	중견
정규직 전환자(1년 지원)	1,300	900
육아휴직 복귀자(1년 지원)		

- 전체 상시 근로자 수 미감소 시에 적용
- 전환일·복귀일로부터 2년 이내 해당 근로자와의 근로관계 종료 시 공제금액 상당액 추징

사례

수도권 기업이 30세 근로자 1인 추가 고용 시(평균임금 월 250만 원 가정)

종전	개정
• 고용증대 세액공제 : 700(일반)만 원×3년 = 2,100만 원 • 사회보험료 세액공제 : 300만 원(가정)×50%(일반)×2년 = 300만 원 • 계 : 2,400만 원	통합고용세액공제 : 1,450만 원(청년 우대)×3년 = 4,350만 원

3) 통합고용세액공제 적용 관련 주의할 점

첫째, 전년 대비 상시 근로자 수가 증가해야 한다.

상시 근로자 수는 해당 과세연도의 매월 말일 현재 상시 근로자(가족,

1년 미만 근무자, 일용직 등 제외) 수의 합을 해당 과세연도의 개월 수로 나눈다. 예를 들어 2023년 말에 10명, 2024년 10월에 2명을 채용하면 다음처럼 상시 근로자 수를 계산한다.

- 상시 근로자 수 : Σ(10명×9개월+12인×3개월=126명)/12개월=10.5명
- 2024년도 고용증가 인원 = 10.5명-10명=0.5명

둘째, 통합고용세액공제는 2024년까지 매년 단위로 적용된다. 따라서 매년 상시 근로자 수를 계산해 증가한 인원이 발생하면, 당해 연도와 그 이후 2년간 추가공제 등 총 3년간 세액공제를 받을 수 있다. 한편 해당 연도에 결손이나 최저한세에 걸려 공제를 못 받은 경우 10년간 이월공제가 된다.

셋째, 공제를 받은 후 2년 내 고용이 감소된 경우에는 추가공제가 중단되며 당초 공제받은 세액도 추징이 된다. 이때 먼저 이월된 세액을 차감해 계산한 세액으로 납부해야 한다(서면 법규과-438, 2014. 4. 29).

3. 중소기업특별세액감면

중소기업특별세액 감면율은 당해 중소기업 또는 소기업이 수도권 내에서 사업을 영위하는가, 그렇지 않은가에 따라서 다르게 적용되고 있다.

- 감면세액 = 법인세 산출세액 × $\frac{\text{감면대상소득금액}}{\text{과세표준금액}}$ × (감면율 5~30%)

※ 감면율

구분	업종	감면율
1. 소기업	도매 및 소매업, 의료업(도매업 등)을 경영하는 사업장	10%
	수도권에서 도매업 등을 제외한 업종을 경영하는 사업장	20%
	수도권 외의 지역에서 도매업을 제외한 업종을 경영하는 사업장	30%
2. 중기업	수도권 외의 지역에서 도매업 등을 경영하는 사업장	5%
	수도권에서 지식기반사업을 경영하는 사업장 〈지식기반산업〉 엔지니어링산업, 전기통신업, 연구개발업, 컴퓨터프로그래밍·시스템통합 및 관리업, 영화·비디오물 및 방송프로그램제작업, 전문디자인업, 오디오물 출판 및 원판녹음업, 광고물작성업, 소프트웨어 개발 및 공급업, 방송업, 정보서비스업, 서적·잡지 및 기타 인쇄물출판업, 장착 및 예술관련 서비스업(자영예술가는 제외), 보안시스템 서비스업	10%
	수도권 외의 지역에서 도매업 등을 제외한 업종을 경영하는 사업장	15%

Tip 조세감면 적용 시 주의할 사항

투자세액공제나 법인세 감면 등을 받고자 하는 때에는 다음과 같은 내용에 주의해야 한다.

첫째, 2 이상의 조세특례가 적용되는 경우 원칙적으로 중복공제가 적용되지 않는다. 예를 들어 중소기업특별세액감면(법 제7조)과 통합투자세액공제(법 제24조)는 둘 중 하나만 적용할 수 있다(조세특례제한법 제127조 제4항).

둘째, 수도권 과밀억제권역 내의 투자에 대해서는 원칙적으로 세액공제가 적용되지 않는다. 다만, 대체 투자나 산업단지 내의 투자(증설 투자 포함) 등에 대해서는 세액공제가 적용된다(조세특례제한법 제130조).

셋째, 최저한세가 적용된다. 과도한 조세감면을 받는 것을 방지하고자 감면 전의 과세표준에 7%(중소기업) 정도는 내도록 하는 제도가 적용되고 있다. 이를 최저한세제도라고 한다(조세특례제한법 제132조).

Tip 조세감면 관련 검토서식

1. 통합투자세액공제 검토서식

검토사항		적합 여부
대상자	내국법인에 해당하는지 여부	예 / 아니요
업종 요건	소비성서비스업 또는 부동산 임대 및 공급업을 제외한 업종을 영위하는지 여부 소비성서비스업(조세특례제한법 시행령§29 ③) 호텔업 및 여관업(관광진흥법에 따른 관광숙박업은 제외), 주점업(관광진흥법에 따른 외국인 전용 유흥음식점 및 관광유흥음식점업은 제외)	예 / 아니요
공제 대상 자산	① 기계장치 등 사업용 유형자산에 해당하는지 - 토지, 건축물, 차량, 비품 등은 공제대상 제외(조세특례제한법 시행령§21 ②) ② 연구·인력개발, 에너지절약 및 환경보전 시설, 업종별 특성을 감안한 필수적인 자산(조세특례제한법 시행령§21 ③)에 해당하는지	예 / 아니요
투자 지역	수도권과밀억제권역 밖 투자에 해당하는지(조세특례제한법 §130 ①·②) (아래 표 참조)	예 / 아니요

〈수도권과밀억제권역에서 투자 시 공제 여부〉

구분		대체 투자	증설 투자
중소기업		○	X[1]
그 외 기업	1989년 12월 31일 이전부터 수도권과밀억제권역에서 계속해서 사업을 경영	○	X[1]
	1990년 1월 1일 이후 수도권과밀억제권역에서 사업을 개시 또는 이전	X[2]	X[1]

1) 산업단지 또는 공업지역 내 투자, 방송장비·정보통신장비 등의 사업용 고정자산 취득은 공제가능
2) 방송장비·정보통신장비 등의 사업용 고정자산 취득은 공제가능

<table>
<tr><th colspan="2">검토사항</th><th colspan="2">적합 여부</th></tr>
<tr><td>공제율</td><td>앞의 요건을 충족했을 경우 기업규모에 따라 정해진 비율에 해당하는 금액을 법인세에서 공제
(%)
<table>
<tr><th rowspan="2">구분</th><th colspan="3">당기분</th><th rowspan="2">증가분</th></tr>
<tr><th>대</th><th>중견</th><th>중소</th></tr>
<tr><td>일반</td><td>1</td><td>3</td><td>10</td><td rowspan="2">3</td></tr>
<tr><td>신성장·원천기술</td><td>3</td><td>5</td><td>12</td></tr>
<tr><td>국가전략기술*</td><td>6</td><td>8</td><td>16</td><td>4</td></tr>
</table>
* 2021년 7월 1일부터 2024년 12월 31일까지 시설을 투자하는 분에 대해 적용</td><td>예</td><td>아니요</td></tr>
</table>

2. 중소기업에 대한 특별세액감면 검토서식

<table>
<tr><th colspan="3">검토사항</th><th colspan="2">적합 여부</th></tr>
<tr><td>중소기업 기준</td><td colspan="2">[서식 5] 중소기업 여부 검토표를 충족하는지 여부</td><td>예</td><td>아니요</td></tr>
<tr><td>업종* 기준</td><td colspan="2">조특법§7 ① 1호에 열거된 업종을 영위하는지 여부
작물재배업, 축산업, 어업, 광업, 제조업, 건설업, 도소매업, 출판업, 방송업, 전기통신업, 연구개발업, 광고업, 전문디자인업 등 열거된 업종에 한정</td><td>예</td><td>아니요</td></tr>
<tr><td rowspan="2">소기업 기준</td><td colspan="2" rowspan="2">매출액이 업종별로 ‘중소기업기본법 시행령’ [별표 3] 규모 기준 이내인지 여부</td><td>예</td><td>1번으로 이동</td></tr>
<tr><td>아니오</td><td>2번으로 이동</td></tr>
<tr><td rowspan="4">감면율</td><td rowspan="3">1. 소기업</td><td>도매 및 소매업, 의료업(도매업 등)을 경영하는 사업장</td><td colspan="2">10%</td></tr>
<tr><td>수도권에서 도매업 등을 제외한 업종을 경영하는 사업장</td><td colspan="2">20%</td></tr>
<tr><td>수도권 외의 지역에서 도매업을 제외한 업종을 경영하는 사업장</td><td colspan="2">30%</td></tr>
<tr><td>2. 중기업</td><td>수도권 외의 지역에서 도매업 등을 경영하는 사업장</td><td colspan="2">5%</td></tr>
</table>

<table>
<tr><th colspan="3">검토사항</th><th>적합 여부</th></tr>
<tr><td rowspan="2">감면율</td><td rowspan="2">2. 중기업</td><td>수도권에서 지식기반사업을 경영하는 사업장
〈지식기반산업〉
엔지니어링산업, 전기통신업, 연구개발업, 컴퓨터프로그래밍·시스템통합 및 관리업, 영화·비디오물 및 방송프로그램제작업, 전문디자인업, 오디오물 출판 및 원판녹음업, 광고물작성업, 소프트웨어 개발 및 공급업, 방송업, 정보서비스업, 서적·잡지 및 기타 인쇄물출판업, 장착 및 예술관련 서비스업(자영예술가는 제외), 보안시스템 서비스업</td><td>10%</td></tr>
<tr><td>수도권 외의 지역에서 도매업 등을 제외한 업종을 경영하는 사업장</td><td>15%</td></tr>
<tr><td>한도액</td><td colspan="2">감면한도액을 초과해 적용하지 않았는지 여부
① 해당 과세연도의 상시 근로자 수가 직전 과세연도의 상시 근로자 수보다 감소한 경우 ⇒ 1억 원 - 감소한 상시 근로자 수 × 500만 원
② 그 밖의 경우 : 1억 원</td><td></td></tr>
</table>

3. 중소기업 요건 검토서식

<table>
<tr><th colspan="2">검토사항</th><th colspan="2">적합 여부</th></tr>
<tr><td>업종 기준</td><td>조세특례제한법 시행령 제29조 제3항에 규정된 소비성서비스업*을 주된 사업으로 영위하지 않는지 여부
* ① 호텔업 및 여관업(관광진흥법에 따른 관광숙박업 제외)
② 주점업(일반유흥주점업, 무도유흥주점업 및 식품위생법 시행령 제21조에 따른 단란주점 영업만 해당하되, 관광진흥법에 따른 외국인전용 유흥음식점업 및 관광유흥음식점업 제외)</td><td>예</td><td>아니요</td></tr>
<tr><td>업종별 규모 기준</td><td>매출액 요건이 업종별 규모기준에 적합한지 여부<table><tr><td>주된 업종</td><td></td></tr><tr><td>매출액</td><td>100만 원</td></tr></table>* 중소기업기본법 시행령 [별표 1]의 규모기준</td><td>예</td><td>아니요</td></tr>
</table>

검토사항		적합 여부
업종별 규모 기준	* 중소기업기본법 시행령 [별표 1]의 개정으로, 새로이 ① 중소기업 해당 → 사유발생 사업연도부터 중소기업 ② 중소기업 미해당 → 사유발생 사업연도와 그다음 3개 사업연도까지 중소기업으로 봄	
졸업기준	자산총액 기준에 적합한지 여부 자산총액(5,000억 원 미만) | 100만 원	예 | 아니요
독립성 기준	'독점규제 및 공정거래에 관한 법률'에 따른 공시대상기업집단에 속하는 회사 또는 공시대상기업집단의 소속회사로 편입·통지된 것으로 보는 회사에 해당하지 않는지 여부	예 | 아니요
	자산총액 5,000억 원 이상인 법인(외국법인 포함)이 지분의 30% 이상을 직접적 또는 간접적으로 소유하면서 최다출자자에 해당하지 않는지 여부	예 | 아니요
	★ 관계기업 충족 여부 다른 법인과 출자 관계에 있는 경우, 관계기업 간 합산한 전체 매출액이 위 규모기준의 매출액 이내인지 여부	예 | 아니요

• 중소기업기본법 시행령 [별표 1] (2017. 10. 17 개정)

주된 업종별 평균매출액 등의 중소기업 규모 기준(제3조 제1항 제1호 가목 관련)		
해당 기업의 주된 업종	분류기호	규모 기준
1. 의복, 의복액세서리 및 모피제품 제조업	C14	평균매출액 등 1,500억 원 이하
2. 가죽, 가방 및 신발 제조업	C15	
3. 펄프, 종이 및 종이제품 제조업	C17	
4. 1차 금속 제조업	C24	
5. 전기장비 제조업	C28	
6. 가구 제조업	C32	
7. 농업, 임업 및 어업	A	평균매출액 등 1,000억 원 이하
8. 광업	B	
9. 식료품 제조업	C10	

주된 업종별 평균매출액 등의 중소기업 규모 기준(제3조 제1항 제1호 가목 관련)		
해당 기업의 주된 업종	분류기호	규모 기준
10. 담배 제조업	C12	
11. 섬유제품 제조업(의복 제조업은 제외한다)	C13	
12. 목재 및 나무제품 제조업(가구 제조업은 제외한다)	C16	
13. 코크스, 연탄 및 석유정제품 제조업	C19	
14. 화학물질 및 화학제품 제조업(의약품 제조업은 제외한다)	C20	
15. 고무제품 및 플라스틱제품 제조업	C22	
16. 금속가공제품 제조업(기계 및 가구 제조업은 제외한다)	C25	
17. 전자부품, 컴퓨터, 영상, 음향 및 통신장비 제조업	C26	
18. 그 밖의 기계 및 장비 제조업	C29	
19. 자동차 및 트레일러 제조업	C30	
20. 그 밖의 운송장비 제조업	C31	
21. 전기, 가스, 증기 및 공기조절 공급업	D	
22. 수도업	E36	
23. 건설업	F	
24. 도매 및 소매업	G	
25. 음료 제조업	C11	평균매출액 등 800억 원 이하
26. 인쇄 및 기록매체 복제업	C18	
27. 의료용 물질 및 의약품 제조업	C21	
28. 비금속 광물제품 제조업	C23	
29. 의료, 정밀, 광학기기 및 시계 제조업	C27	
30. 그 밖의 제품 제조업	C33	
31. 수도, 하수 및 폐기물 처리, 원료재생업(수도업은 제외한다)	E(E36 제외)	
32. 운수 및 창고업	H	
33. 정보통신업	J	
34. 산업용 기계 및 장비 수리업	C34	평균매출액 등 600억 원 이하
35. 전문, 과학 및 기술 서비스업	M	

주된 업종별 평균매출액 등의 중소기업 규모 기준(제3조 제1항 제1호 가목 관련)		
해당 기업의 주된 업종	분류기호	규모 기준
36. 사업시설관리, 사업지원 및 임대 서비스업(임대업은 제외한다)	N(N76 제외)	평균매출액 등 600억 원 이하
37. 보건업 및 사회복지 서비스업	Q	
38. 예술, 스포츠 및 여가 관련 서비스업	R	
39. 수리(修理) 및 기타 개인 서비스업	S	
40. 숙박 및 음식점업	I	평균매출액 등 400억 원 이하
41. 금융 및 보험업	K	
42. 부동산업	L	
43. 임대업	N76	
44. 교육 서비스업	P	

비고

1. 해당 기업의 주된 업종의 분류 및 분류기호는 통계법 제22조에 따라 통계청장이 고시한 한국표준산업분류에 따른다.
2. 위 표 제19호 및 제20호에도 불구하고 자동차용 신품 의자 제조업(C30393), 철도 차량 부품 및 관련 장치물 제조업(C31202) 중 철도 차량용 의자 제조업, 항공기용 부품 제조업(C31322) 중 항공기용 의자 제조업의 규모 기준은 평균매출액 등 1,500억 원 이하로 한다.

심층분석 1 부동산 임대법인에 대한 세법의 규제

주업이 부동산 임대업인 법인은 일반법인보다 기업업무추진비(접대비) 등의 한도가 축소된다. 이런 내용은 향후 개인임대업을 법인전환 시에 반드시 검토해야 할 주제에 해당한다. 이하에서 임대법인에 대한 세법의 규제내용을 검토해보자.

1. 부동산 임대법인에 주어지는 불이익들

법인세법 시행령 제42조에서 규정하고 있는 부동산 임대법인[24]에 해당하면 다음과 같은 규제들이 적용된다.

- 기업업무추진비 기본한도 축소
- 승용차 관련 비용 한도 축소
- 성실신고확인제도 적용 등

이 내용을 일반법인과 비교해 표로 정리하면 다음과 같다.

구분	일반법인	임대법인
기업업무추진비 기본한도	3,600만 원	1,800만 원
업무용 승용차 감가상각비 한도	800만 원	400만 원
업무용 승용차 처분손실 한도	800만 원	400만 원

24) 규제 대상인 임대법인은 ① 부동산 임대업을 주업을 하고, ② 상시 근로자 수가 5인 미만이고, ③ 주주의 지분율이 50% 초과하는 경우에 한한다. 검토서식을 통해 이를 확인하기 바란다.

구분	일반법인	임대법인
차량운행기록부 미작성 시 업무사용금액	1,500만 원	500만 원
법인성실신고확인제도의 적용	법인전환 후 3년 이내의 법인	상시 근로자 수 5인 미만 등 요건 충족한 법인

2. 적용 사례

사례를 통해 앞의 내용을 알아보자.

자료

- 손익계산서상 임대수입 : 1억 원
- 상시 근로자 수 : 1인

Q 이 법인은 세법상 임대법인에 해당하는가?

상시 근로자 수가 5인 미만이고 주업이 임대업에 해당하는 것으로 보이므로 이에 해당하는 것으로 보인다.

Q 이 법인의 속한 업종의 기업업무추진비 기본한도액은 3,600만 원이다. 그렇다면 이 법인은 어떤 규제를 받는가?

세법상 임대법인에 해당해 기업업무추진비 한도액이 1/2로 축소되는 불이익을 받는다.

Q 임대법인도 개인에게 적용되는 성실신고확인제도가 적용되는가?

그렇다. 다만, 주업인 임대업의 경우, 상시 근로자 수가 5인 미만이고 지배주주 집단의 주식이 50% 초과 시 이 제도가 적용된다. 다음의 검토서식을 참조하기 바란다.

Tip 법인의 성실신고 확인제도 주요사항 검토서식

<table>
<tr><th colspan="2">검토사항</th><th>적합 여부</th></tr>
<tr><td rowspan="2">대상 요건</td><td>① 다음의 소규모 법인 요건에 모두 해당하는 법인
i) 부동산 임대업을 주된 사업으로 하거나 이자·배당·부동산(권리) 임대소득 합계액이 매출액의 70% 이상인 법인
ii) 해당 사업연도의 상시 근로자* 수가 5인 미만
* 상시 근로자는 근로기준법에 따라 근로계약을 체결한 내국인 근로자로서 다음에 해당하는 근로자는 제외
㉠ 최대주주 또는 최대출자자와 그와 국세기본법 시행령 제1조의 2 제1항에 따른 친족관계인 근로자
㉡ 소득세법 시행령 제196조 제1항에 따른 근로소득원천징수부에 의하여 근로소득세를 원천징수한 사실이 확인되지 아니하는 근로자
㉢ 근로계약기간이 1년 미만인 근로자. 다만, 근로계약의 연속된 갱신으로 인하여 그 근로계약의 총기간이 1년 이상인 근로자는 제외함
㉣ 근로기준법 제2조 제1항 제8호에 따른 단시간 근로자
iii) 지배주주 및 특수관계인의 지분합계가 전체의 50% 초과</td><td rowspan="2">예 / 아니요
(① ~ ② 중 어느 하나에 해당 시 "예")</td></tr>
<tr><td>② 성실신고확인대상인 개인사업자가 법인전환 후 사업연도 종료일 현재 3년 이내의 법인
* 2018년 2월 13일 이후 법인 전환하는 분부터 적용
(단, 감사인에 의한 외부감사를 받는 법인과 법인세법 제51조의 2에 따른 유동화전문회사, 조세특례제한법 제104조의 31 제1항에 따른 내국법인은 제출하지 않을 수 있음)</td></tr>
<tr><td>확인서 제출</td><td>① 법인세의 과세표준과 세액을 신고하는 경우에 비치·기록된 장부와 증명서류에 의해 계산한 과세표준의 금액을 세무대리인이 확인하고 작성한 성실신고확인서를 제출했는지 여부</td><td>예 / 아니요</td></tr>
</table>

	검토사항	적합 여부
확인서 제출	② 성실신고확인서를 제출하는 경우 성실신고확인에 직접 사용한 비용의 100분의 60(150만 원 한도)에 해당하는 금액을 해당 과세연도의 법인세에서 공제했는지 여부	예 / 아니요
	③ 성실신고확인 대상인 내국법인이 각 사업연도의 종료일이 속하는 달의 말일부터 4개월 이내에 성실신고확인서를 제출하지 않은 경우 법인세 산출세액*의 5%를 가산세로 계산해 납부할 세액에 가산했는지 여부 * 토지 등 양도소득에 대한 법인세액 및 투자·상생협력촉진을 위한 과세특례를 적용해 계산한 법인세액은 제외	예 / 아니요

심층분석 2 토지 등 양도소득에 대한 법인세 검토서식

법인이 주택이나 비사업용 토지를 양도하면 일반 법인세 외에 추가 법인세(10~20%)를 내야 한다. 이에 대한 자세한 내용은 저자의 다른 책을 참조하기 바란다.

검토사항		적합 여부
과세대상	• 비사업용 토지(법인이 토지를 소유하는 기간 중 법인세법 시행령 §92의 3에서 정하는 기간 동안 법인세법 §55의 2 ② 각 호에 해당하는 토지) • 주택 및 별장(법인세법§55의 2 ①, 법인세법 시행령§92의 2 ②) • 조합원입주권과 분양권(2021년 1월 1일 이후 양도분부터 적용)	예 / 아니요
세율	• 비사업용 토지(10%) • 주택 및 별장(2021년 1월 1일 이후 양도분 20%) • 조합원입주권과 분양권(20%) • 미등기자산(40%)	예 / 아니요
적용제외	• 2009. 3. 16~ 2012. 12. 31 기간 중 취득한 자산의 양도소득은 토지 등 양도소득에 대한 과세특례 규정을 적용하지 않음(법률 제9673호 부칙 4조) • 토지를 취득한 후 법령에 따른 부득이한 사유가 있는 경우는 비사업용 토지로 보지 않을 수 있음(법인세법§55의 2 ③, 법인세법 시행령§92의 11 ③, 법인세법 시행규칙§46의 2 ③)	예 / 아니요
비과세	• 법인세법§55의 2 ④, 법인세법 시행령§92의 2 ④ 각 호에 해당하는 경우 * 단, 미등기 토지 등의 양도 시는 과세	예 / 아니요
비사업용 토지 소유기간 검토	• 지목 본래 용도 외 등으로 사용한 기간이 소유기간별로 다음 ①~②(또는 ③) 모두에 해당하는 경우 비사업용 토지에 해당(단, 법인세법 시행령§92의 11 ① 각 호에 해당하는 경우 일정한 기간 동안 법인세법§55의 2 ② 각 호에 해당하지 않는 토지로 봐서 비사업용 토지 해당 여부를 판정)	예 / 아니요

<table>
<tr><th colspan="3">검토사항</th><th>적합 여부</th></tr>
<tr><td rowspan="3">비사업용 토지 소유기간 검토</td><td>3년 미만</td><td>① 소유기간에서 2년을 차감한 기간을 초과하는 기간
* 단, 소유기간이 2년 미만인 경우 적용 제외
② 소유기간의 40*(20)%에 상당하는 기간을 초과하는 기간</td><td>예 / 아니요</td></tr>
<tr><td>3년이상 ~ 5년미만</td><td>① 소유기간에서 3년을 차감한 기간을 초과하는 기간
② 양도일 직전 3년 중 1년을 초과하는 기간
③ 소유기간의 40(20)%에 상당하는 기간을 초과하는 기간</td><td>예 / 아니요</td></tr>
<tr><td>5년 이상</td><td>① 양도일 직전 5년 중 2년을 초과하는 기간
② 양도일 직전 3년 중 1년을 초과하는 기간
③ 소유기간의 40(20)%에 상당하는 기간을 초과하는 기간</td><td>예 / 아니요</td></tr>
<tr><td>양도소득 계산</td><td colspan="2">• 토지 등 양도소득(법인세법§55의 2 ⑥) = 양도금액 − 양도 당시의 장부가액
* 단, 비영리법인이 1990. 12. 31. 이전 취득한 토지는 법인세법§55의 2 ⑥ 참조
• 2 이상의 토지 등을 양도 시 법법§55의 2 ⑥에 따른 계산금액을 합산</td><td>예 / 아니요</td></tr>
<tr><td>양도소득 귀속시기</td><td colspan="2">• 일반적인 양도시기 및 취득시기는 법인세법 시행령§68 ① 규정을 준용
• 장기할부조건(법인세법 시행령§68 ④)의 경우 법인세법 시행령§68 ①3 규정에 의함</td><td>예 / 아니요</td></tr>
</table>

제 6 장

가족법인의 배당금 처리법

01

가족법인의 잉여금과 세무상 쟁점

잉여금은 세후 이익 중 법인에 유보되어 있는 이익금을 말한다. 이런 잉여금은 궁극적으로 주주에게 배당될 재원에 해당한다. 이런 잉여금이 많으면 세무상 다양한 쟁점이 발생하는데, 이에 대해 알아보자.

1. 잉여금과 세무상 쟁점

잉여금이 너무 많으면 주식가치가 상승해서 가업승계 등에서 걸림돌로 작용할 수 있다. 하지만 너무 적으면 회사가치가 감소해 신용이 하락할 수도 있다.

구분	과도한 잉여금	과소한 잉여금
장점	재무구조가 견실해짐.	주식가치 하락으로 인해 상속세 등이 감소됨.

구분	과도한 잉여금	과소한 잉여금
단점	• 배당압력이 증가됨. • 가지급금이 발생할 가능성이 높음. • 주식가치 상승으로 인해 상속세 등 이 증가됨. • 청산법인세와 배당소득세가 나올 가능성이 높음.	재무구조가 불량해짐.

잉여금이 과소하는 경우보다 과다한 경우에 세무상 쟁점이 발생할 가능성이 높다. 이를 좀 더 자세히 알아보면 다음과 같다.

첫째, 배당압력이 높아진다.

잉여금은 주주들에게 배당할 재원이므로 이의 금액이 많으면 배당압력이 높아진다. 그 결과 현금유출이 가속화될 가능성이 높아진다.

둘째, 가지급금이 발생할 가능성이 높다.

잉여금이 늘어나면 현금 등 자산이 증가하게 되고, 회사 내부에 현금이 많아지면 무분별한 인출이 많아질 가능성이 높아진다. 이는 곧 가지급금의 증가를 의미한다.

셋째, 상속세나 증여세 등이 많이 나올 가능성이 높다.

주식가치가 커지면 주주의 재산이 늘어나게 되고, 이런 주식을 이전받을 때 상속세나 증여세가 많아지게 된다. 한편 이를 매매한 경우에는 양도소득세가 많아지게 된다.

넷째, 청산 시 세금이 크게 발생할 가능성이 높다.

법인을 청산할 때 청산소득이 발생하면 법인세가 추가되며, 잔여재산가액을 분배받은 주주에게는 배당소득세가 발생한다.

2. 적용 사례

K회사의 재무상태표가 다음과 같다. 물음에 맞게 답해보자.

재무상태표		손익계산서	
자산	부채	수익	100억 원
	자본 잉여금 50억 원	비용	90억 원
		이익	10억 원

Q 이 회사의 재무제표를 보면 가장 먼저 떠오르는 세무상 문제점은?

과도하게 적립되어 있는 잉여금이다. 이렇게 누적된 잉여금이 크면 여러 가지 세무상 문제점(예 : 배당소득세 증가 또는 주식가치의 상승으로 상속세 등이 증가)이 발생하기 때문이다.

Q K회사의 주식은 대표이사가 50% 보유하고 있다. 이 경우 재무상태표상의 잉여금과 관련해 어떤 문제점이 예상되는가?

재무상태표상의 잉여금이 50억 원이므로 이 금액 중 50%가 대표이사에게 배당되면 막대한 배당소득세가 부과될 수 있다. 한편 이렇게 잉여금이 많은 경우 주식가치도 상당히 높아 주식의 이동(상속, 증여, 양도 등) 시 많은 세금이 부과될 수 있다.

Tip 잉여금 세무관리법

잉여금 관련 세무리스크를 관리하는 방법을 발생부터 처분까지 흐름대로 요약하면 다음과 같다.

절차	세무관리법
잉여금 발생	이익잉여금에 상당하는 자산이 없으면 가지급금의 수반을 불러일으킨다는 점에 유의해야 한다. 따라서 자산관리를 정교히 해야 한다.
▼	
잉여금 보유	• 잉여금이 많으면 회사가치에 영향을 주므로 적정 배당 등을 검토할 필요가 있다. 참고로 배당금으로 가지급금을 상환하면 가지급금이 없어진다. • 잉여금이 너무 작은 경우에도 회사가치에 영향을 주므로 적정 잉여금을 보유하는 것도 중요하다. • 잉여금을 자본으로 전입하는 경우에는 무상주에 대한 의제배당을 검토해야 한다.
▼	
잉여금 처분	• 잉여금 처분 금액은 법인의 손금으로 인정되지 않는다. • 결산 시에 현금배당을 하는 경우에는 상법상의 이익준비금을 적립하는 한편, 배당금 지급 시 14%(지방소득세 포함 시 15.4%)를 원천징수해야 한다. 한편 이를 지급받은 주주는 금융소득 종합과세제도에 유의해야 한다. • 사업연도 중 중간배당도 가능하다. • 초과배당을 하는 경우 ① 배당액에 대한 소득세, ② 초과배당금액에 대해서는 증여세가 과세된다(2021년 이후).

02

배당과 세무상 쟁점

기업의 이익잉여금은 당장 배당재원으로 삼을 수도 있고, 재투자의 금액으로 사용될 수도 있다. 따라서 지금까지 누적된 잉여금이 사내에 많이 남아 있는 기업은 그만큼 우량기업이라고 할 수 있다. 이익잉여금을 늘리는 활동은 기업경영에 있어 매우 중요한 요소가 된다. 지금부터는 기업이 배당을 실시할 때 발생할 수 있는 세무상 쟁점들을 알아보자.

1. 배당과 세무상 쟁점

1) 배당의 의의

배당이란 주식을 가지고 있는 사람들에게 그 소유 지분에 따라 기업이 이윤을 분배하는 것을 말한다.

2) 배당의 종류

상법에서는 다음과 같이 배당의 종류를 정하고 있다.

구분	내용	비고
이익배당	회사이익을 현금으로 배당하는 것을 말함.	상법 제462조
주식배당	주식으로 배당하는 것을 말함.	상법 제462조의 2
중간배당	이사회의 결의를 거쳐 사업연도 중에 하는 배당을 말함(연 1회).	상법 제462조의 3
현물배당	현물로 배당하는 것을 말함.	상법 제462조의 4

3) 배당의 종류와 세무상 쟁점

위의 배당종류별로 세무상 쟁점을 알아보자.

① 이익배당

- 결산에 따라 나온 잉여금을 주주들이 받는 전형적인 배당형태를 말한다.
- 배당금은 정기주주총회나 이사회에서 지급시기를 따로 정한 경우를 제외하고는 주주총회 승인 뒤 1개월 안에 지급해야 한다.
- 주주들 간의 차등배당[25]에 주의해야 한다.

25) 주식 소유비율과 다르게 배당한 경우 소득세와 증여세가 동시에 발생할 수 있다.

제462조(이익의 배당)
① 회사는 대차대조표의 순자산액으로부터 다음의 금액을 공제한 액을 한도로 하여 이익배당을 할 수 있다.
1. 자본금의 액
2. 그 결산기까지 적립된 자본준비금과 이익준비금의 합계액
3. 그 결산기에 적립하여야 할 이익준비금의 액
4. 대통령령으로 정하는 미실현이익
② 이익배당은 주주총회의 결의로 정한다. 다만, 제449조의 2 제1항에 따라 재무제표를 이사회가 승인하는 경우에는 이사회의 결의로 정한다.
③ 제1항을 위반하여 이익을 배당한 경우에 회사채권자는 배당한 이익을 회사에 반환할 것을 청구할 수 있다.

② 주식배당

- 주식으로 배당을 받는 것을 말한다.
- 무상주를 받은 주주에게는 현금배당을 받는 것으로 봐서 배당소득세를 과세한다(의제배당제도).

제462조의 2(주식배당)
① 회사는 주주총회의 결의에 의하여 이익의 배당을 새로이 발행하는 주식으로써 할 수 있다. 그러나 주식에 의한 배당은 이익배당총액의 2분의 1에 상당하는 금액을 초과하지 못한다.

③ 중간배당

- 회계연도 중간에 배당하는 것을 말한다.
- 중간배당은 회계연도 중간에 한 차례만 할 수 있다. 이때 반드시 현금으로 배당해야 한다.
- 상법절차에 의하지 않고 중간배당을 하면 세법상 업무무관 가지급금으로 봐서 규제한다.

제462조의 3(중간배당)

① 년 1회의 결산기를 정한 회사는 영업년도 중 1회에 한하여 이사회의 결의로 일정한 날을 정하여 그날의 주주에 대하여 이익을 배당(이하 이 條에서 "中間配當"이라 한다)할 수 있음을 정관으로 정할 수 있다.

② 중간배당은 직전 결산기의 재무상태표상의 순자산액에서 다음 각호의 금액을 공제한 액을 한도로 한다.

1. 직전 결산기의 자본금의 액
2. 직전 결산기까지 적립된 자본준비금과 이익준비금의 합계액
3. 직전 결산기의 정기총회에서 이익으로 배당하거나 또는 지급하기로 정한 금액
4. 중간배당에 따라 당해 결산기에 적립하여야 할 이익준비금

③ 회사는 당해 결산기의 재무상태표상의 순자산액이 제462조 제1항 각 호의 금액의 합계액에 미치지 못할 우려가 있는 때에는 중간배당을 하여서는 아니된다.

④ 현물배당

- 배당을 현금이 아닌 현물로 배당하는 것을 말한다.
- 정관에 규정이 되어 있어야 한다.
- 현물평가를 제대로 하지 않으면 세법상 부당행위계산부인제도 등이 적용될 수 있다.

제462조의 4(현물배당)

① 회사는 정관으로 금전 외의 재산으로 배당을 할 수 있음을 정할 수 있다.

2. 이익배당의 절차

앞에서 본 이익배당에 대한 절차를 간략히 알아보자.

절차	내용
배당기준일 확정	배당기준을 확정하고 2주 전에 공고(정관에 배당기준일이 정해진 경우 공고 생략 가능)
▼	
이사회 결의	이익처분 내용 확정
▼	
주주총회 개최	주주총회 소집(1인 주주는 생략 가능)
▼	
배당금 지급	주주총회 결의일로부터 1개월 내
▼	
원천징수 이행 및 지급명세서 제출	• 원천징수 세율 : 15.4% • 원천징수이행상황신고서 제출 : 지급일이 속한 달의 다음 달 10일* • 지급명세서 제출 : 지급일이 속한 다음연도 2월 말일
▼	
종합소득세 신고	다음 해 5월 중

* 법인의 잉여금 처분에 의한 배당소득의 수입시기는 잉여금처분결의일이나 잉여금처분결의일(주총결의일)부터 3개월이 경과할 때까지 배당금을 지급하지 않은 경우는 지급의제로 원천징수하는 것이므로, 배당 결의일부터 3개월 이내에 배당금을 수령하지 않은 경우라면 3개월이 되는 날 지급한 것으로 봐서 그 지급일의 다음 달 10일까지 원천징수이행상황신고서 제출해야 한다.

3. 적용 사례

K법인은 주주에게 다음과 같이 배당금을 지급하기로 의결했다. 물음에 답해보자.

자료

- 당기순이익 : 6억 원
- 배당할 금액 : 1억 원
- 주식 수 : 1만 주

Q 배당절차는 어떻게 되는가?

배당은 주주총회의 결의사항에 따라 지급이 된다. 지급시기는 결의일로부터 1개월 이내에 해야 한다.

> 제464조의 2(이익배당의 지급시기)
>
> ① 회사는 제464조에 따른 이익배당을 제462조 제2항의 주주총회나 이사회의 결의 또는 제462조의 3 제1항의 결의를 한 날부터 1개월 내에 하여야 한다. 다만, 주주총회 또는 이사회에서 배당금의 지급시기를 따로 정한 경우에는 그러하지 아니하다.

Q 이익준비금은 얼마나 적립해야 하는가?

자본금의 1/2에 달할 때까지 현금배당액의 1/10 이상을 적립해야 한다.

> 제458조(이익준비금)
>
> 회사는 그 자본금의 2분의 1이 될 때까지 매 결산기 이익배당액의 10분의 1 이상을 이익준비금으로 적립하여야 한다. 다만, 주식배당의 경우에는 그러하지 아니하다.

Q 이익배당은 주식 수에 따라 해야 하는가?

원칙적으로 그렇다. 다만, 상법 제344조에 따른 종류주식은 그렇지 않다.

> 제464조(이익배당의 기준)
> 이익배당은 각 주주가 가진 주식의 수에 따라 한다. 다만, 제344조 제1항을 적용하는 경우에는 그러하지 아니하다.
>
> 제344조(종류주식)
> ① 회사는 이익의 배당, 잔여재산의 분배, 주주총회에서의 의결권의 행사, 상환 및 전환 등에 관하여 내용이 다른 종류의 주식(이하 '종류주식'이라 한다)을 발행할 수 있다.

Q 사례에서 1주당 얼마나 배당이 되는 것일까?

사례에서 이익준비금이 없다고 가정하면 1주당 1만 원이 배당된다. 만일 1,000주를 가지고 있다면 1,000만 원을 배당받게 된다.

Q 현금배당을 할 때 원천징수는 어떻게 해야 하는가?

지급시점에서는 지급금액의 15.4% 상당액을 소득세와 지방소득세로 원천징수해야 한다. 다만, 법인이 잉여금처분을 결정한 날부터 3개월이 되는 날까지 배당금을 지급하지 않은 경우에는 그 3개월이 되는 날에 그 배당소득을 지급한 것으로 본다.

Q 남은 잉여금은 어떤 식으로 정리가 될까?

당기순이익 중 배당금을 제외한 나머지 잔액은 재무상태표의 자본(이월이익잉여금)에 축적된다.

자산	부채
	자본 자본금 이월이익잉여금 ×××

Q K법인은 전년도 말에 배당 가능한 잉여금이 10억 원이 있다. 올해 6월 중에 이에 대해 중간배당을 실시하고자 한다. 그런데 정관에는 이에 대한 언급이 없어 주주총회를 거쳐 중간배당이 가능하도록 정관을 수정했다. 이후 이사회를 열어 중간배당을 실시했다. 이 경우 중간배당은 상법상 절차에 부합하는가?

그렇다. 상법상 중간배당은 정관에 정한 후 이사회에서 결정할 수 있도록 하고 있기 때문이다. 다만, 이때 이사회가 아닌 주주총회에서 결정해도 무방할 것으로 보인다.

03

가족법인과 배당 실무

앞의 내용을 바탕으로 가족법인이 실제 배당을 받을 때 발생할 수 있는 다양한 세무상 쟁점들을 살펴보자.

1. 가족법인의 배당과 세무상 쟁점

1) 배당과 세금

주주가 회사로부터 현금배당을 받으면 다음과 같은 세금관계가 형성된다.

① 원천징수

배당금은 소득세법상 배당소득에 해당하고, 이를 지급하는 자는 원칙적으로 14%(지방소득세 포함 시 15.4%)를 원천징수해야 한다. 한편 배당소득과 이자소득(금융소득)이 연간 2,000만 원을 초과한 경우에는 다음

해 5월 중에 다른 종합소득(근로소득 등)과 합산해서 종합소득세 신고를 해야 한다.

② 건강보험료

직장인이나 사업자가 배당소득을 받은 경우, 근로소득 외 종합소득금액이 연간 2,000만 원을 넘어가면 지역에서 건강보험료를 별도로 내야 한다. 직장인이나 사업자가 아닌 경우는 다른 자의 피부양자로 등재되나, 배당소득이 연간 2,000만 원을 넘어가면 피부양자 자격을 상실한다. 이 경우 지역에서 별도로 건강보험료를 내야 한다(건강보험법 제5조 등).

2) 초과배당과 세무상 쟁점

배당은 자신의 지분비율대로 받는 것이 원칙이다. 그렇다면 만일 자기지분율보다 높게 받으면 세금이 어떤 식으로 과세될까?

종전에는 초과배당금액에 대한 소득세와 증여세를 비교해 큰 금액으로 과세했으나, 2021년부터는 조세회피 행위를 방지하기 위해 소득세와 증여세를 모두 과세하는 식으로 법을 개정했다. 따라서 초과배당금을 받으면 소득세는 물론이고, 그 초과배당금액에 대해 증여세 부과된다. 다만, 이중과세를 방지하기 위해 초과배당금액에 대한 증여세에서 이에 해당하는 배당소득세액을 차감해 증여세를 계산한다. 다음 사례를 통해 알아보자.

2. 적용 사례

J법인의 주주 및 이익잉여금처분계산서 등을 보고 물음에 답해보자.

- 주주 현황

구분	부	모	자
지분율	70%	20%	10%

- 이익잉여금처분계산서 현황

과목	제2(당)기 금액	
Ⅰ. 처분전이익잉여금 1. 전기이월이익잉여금 2. 당기순이익 등	 50억 원 10억 원	
Ⅱ. 임의적립금 등의 이입액 1. 임의적립금	 10억 원	
합계	70억 원	
Ⅲ. 이익잉여금처분액 1. 이익준비금 2. 배당금 등		
Ⅳ. 차기이월이익잉여금	?	

Q 배당 가능한 재원은 얼마인가?

처분전이익잉여금과 임의적립금 이입액 등 모두 70억 원이 된다. 임의적립금은 기업이 임의로 적립한 잉여금이므로, 이는 자유롭게 사용할 수 있다.

Q 배당을 받으면 대두되는 세금문제는?

원천징수와 건강보험료 등의 문제가 발생한다.

Q 이번에 이익준비금을 제외하고 10억 원의 현금배당을 하려고 한다. 이 경우 주주당 얼마씩 배당이 가능한가?

구분	부	모	자
지분율	70%	20%	10%
배당금	7억 원	2억 원	1억 원

Q 만일 부모가 배당을 포기하고 자(子)가 10억 원을 받으면 어떤 문제가 있는가?

부모가 배당을 포기해 자(子)가 모두 배당받으면 기본적으로 배당소득세를 부과받는 한편, 초과배당금액에 대해서는 증여세가 부과된다.

① 소득세 부담

자(子)는 자신의 배당금(1억 원)과 부모의 배당금(9억 원)을 합한 10억 원을 배당받게 된다. 따라서 이에 대해서는 일차적으로 소득세를 부담해야 한다(편의상 전체 금액에 대해 6~45%를 적용한다).

• 배당소득세 : 10억 원×6~45%=10억 원×42%-3,540만 원(누진공제) = 3억 8,460만 원

② 증여세 부담

자(子)는 9억 원을 초과배당받았으므로 이에 대해서는 증여세를 부담

해야 한다. 이 경우 이중과세 방지를 위해 증여세 산출세액에서 초과배당금액(9억 원)에 대한 배당소득세를 차감해야 한다. 편의상 증여재산공제 등은 없다고 가정하고 이를 계산해보자.

- 9억 원에 대한 증여세 = 9억 원 × 30% - 6,000만 원(누진공제)
  = 2.1억 원

  - 9억 원에 대한 소득세 상당액 = 9억 원 × 42% - 3,540만 원(누진공제)
  = 3억 4,260만 원

  = 0원

③ 계

소득세 + 증여세 = 3억 8,460만 원 + 0원
= 3억 8,460만 원

▶ 사례의 경우 초과배당액에 대해 이미 많은 소득세를 납부했기 때문에 증여세가 발생하지 않고 있다.

Q 만일 앞의 초과배당금액이 90억 원이라면 증여세가 발생할까?

- 90억 원에 대한 증여세 = 90억 원 × 50% - 4억 6,000만 원(누진공제)
  = 40억 4,000만 원

  - 90억 원에 대한 소득세 상당액 = 90억 원 × 45% - 6,540만 원(누진공제)
  = 39억 8,460만 원

  = 5,540만 원

▶ 이렇게 초과배당금액이 많은 경우에는 증여세가 추가로 과세될 수 있다.

심층분석 잉여금 감소를 위한 주식소각 플랜

요즘 중소회사를 중심으로 과도한 잉여금 및 가지급금을 동시에 해결할 수 있는 방법으로 주식소각이 소개되고 있다. 다음의 사례를 통해 이에 대한 내용을 대략 파악해보자.

사례

K법인은 비상장 중소법인으로 3인의 주주(40%, 40%, 20%)로 구성되어 있다. 수년간의 회사 운영으로 처분 가능 이익잉여금이 100억 원 정도 적립되어 있다. 금번에 주주들에게 자본금을 환원하는 목적에서 법인이 각 주주로부터 균등하게 주식을 매입하려고 한다. 다음 물음에 답해보자.

Q 주식소각은 어떤 식으로 하는가?

법인이 해당 주주들로부터 주식을 유상(또는 무상)으로 취득한 후에 이를 소각하는 것을 말한다. 통상 자본감소의 일환으로 시행되는 경우가 많다(2012년 4월 이후부터 상법 제341조에서 자기주식 취득허용). 이 외에도 과도한 잉여금을 정리하는 방안으로도 활용되기도 한다. 전자의 경우 주식소각의 상대계정이 자본금이 되며, 후자의 경우 잉여금이 된다. 이 두 가지 형태의 주식소각 방법은 상법과 세법에서 모두 인정된다.

Q 자기주식을 취득하는 행위에 대한 상법과 세법의 태도는?

자기주식 취득은 주주 및 채권자 등에게 영향을 미치므로 상법에서

절차(채권자보호절차 등)를 정하고 있다. 따라서 상법을 위배해 취득한 경우 그 행위는 무효가 된다. 한편 세법은 상법상 무효 사유에 해당하는 경우 자기주식으로 취득한 대금은 '업무무관 가지급금'으로 본다. 따라서 이에 해당하면 인정이자를 계상해 익금산입하는 한편, 차입금 이자에 대해서는 손금불산입하므로 이에 대한 불이익을 감수해야 한다.

Q 사례의 경우 주주들이 법인에 양도하는 주식으로 받은 대가는 소득세법상 무슨 소득인가?

주주가 주식에 대한 취득가액(실제 취득가액을 말함)을 초과해 대가를 수령한 경우, 그 초과이익은 해당 주주의 양도소득 또는 배당소득이 된다. 구체적으로 법인이 주식을 매입 후 이를 외부에 매각하는 경우에는 양도소득, 이를 소각한 경우는 배당소득이 되는 것이다. 이 두 가지 소득 중 주주에게 유리한 소득은 일반적으로 양도소득이 된다. 상장법인의 소액주주는 양도소득세가 없을뿐더러 양도소득세가 과세되더라도 세율이 25%를 넘지 않기 때문이다. 하지만 배당소득은 종합과세가 적용되면 6~45%가 적용되므로 초과이익이 큰 경우에는 소득세가 많이 나올 가능성이 있다.

Q 위 법인이 자기주식을 매입한 후 이를 소각한 경우의 세무상 쟁점은?

사례의 K법인이 자본감소의 일환으로 1억 원에 매입한 자기주식을 자본금 5,000만 원과 상계한 경우 5,000만 원의 차액이 발생하는데, 감자차익이 있으면 이와 상계하고, 감자차익이 부족하거나 없으면 감자차손(자본조정)으로 처리한다(이 감자차손은 향후 잉여금을 처분해 상각함). 이런 일련의 행위는 법인의 소득과 관련이 없으므로 별다른 세무조정이 필요 없다. 다만, 주주의 경우 주식을 처분해 받은 대가에서 취득가액을 차감한 금액에 대해서는 의제배당으로 봐서 소득세가 과세된다. 한편 이때 특정인의 주식을 소각해 불균등 감자에 해당하는 경우, 증여세 등의 문제가 발생할 수 있다. 따라서 소각은 균등하게 진행되는 것이 좋을 것으로 보인다.

Q 이 법인이 자기주식을 매입한 후 이를 잉여금 감소의 하나로 소각한 경우의 세무상 쟁점은?

사례의 K법인이 1억 원에 매입한 자기주식을 잉여금 1억 원과 상계한 경우에는 차익이 발생하지 않는다. 그런데 이 경우 주식 수는 감소하지만, 자본금은 변함이 없다. 따라서 이에 대한 세무조정은 없다. 다만, 주주에 대한 배당소득세 등의 문제가 발생한다.

※ 자기주식 취득에 대한 상법·세법 요약

자기주식(自己株式)은 주식을 발행한 회사가 자사의 주식을 매입하는 것을 말한다. 자기주식 취득 시에는 상법과 세법 등의 규정에 위배되는지를 먼저 살펴봐야 한다. 상법 제341조를 위주로 요약하면 다음과 같다. 참고로 상법을 위배해 취득한 자기주식은 세법상 업무무관 가지급금으로 본다(법인세과-1148 2012. 12. 9).

- 회사는 자기의 명의와 계산으로 자사의 주식을 취득할 수 있다.
- 자기주식 취득금액은 상법상 이익배당 가능액(제462조) 내에서 이루어져야 한다.
- 사전에 이사회의 결의로 이익배당을 할 수 있다고 정관으로 정하고 있는 경우에는 이사회의 결의로 정한다.
- 회사는 자기주식의 취득연도에 결손이 나서 순자산가액이 자본금과 이익준비금 등에 미달할 것으로 예상되면 이를 취득해서는 안

된다.

- 자기주식의 취득 시 대주주의 지분이 증가되더라도 이에 대해서는 과점주주의 취득세 의무가 없다(지방세 운영 3593 2010. 8. 16).

Tip 주식소각 재원에 따른 세제 비교

주식소각은 상법상의 자본감소절차를 따르지만, 재원이 잉여금인 경우는 내부절차에 따라 진행하면 된다. 재원의 차이에 따른 주식소각 시 세제 등의 차이를 비교해보자. 단, 다음의 내용은 대략적인 내용이므로 실무에 적용 시에는 회계·세무 전문가 등과 함께하기 바란다.

구분	자본금 감소에 의한 주식소각	잉여금 감소에 의한 주식소각
개념	주식소각을 통해 자본금을 감소시키는 것을 말함.	주식소각을 통해 잉여금을 감소시키는 것을 말함.
상법의 적용	• 주주총회 특별결의 • 주식소각 시 채권자보호절차 등을 준수해야 함.	내부 이사회결의 등으로 갈음.
회계처리	- 자기주식 취득 시 (차) 자기주식 ××× (대) 현금 ××× - 자기주식 소각 시 (차) 자본금 ××× 감자차손 ××× (대) 자기주식 ×××	- 자기주식 취득 시 (차) 자기주식 ××× (대) 현금××× - 자기주식 소각 시 (차) 잉여금 ××× (대) 자기주식 ×××
장점	• 주당순이익 가치 증가 • 지배주주의 경영권 강화수단 • 주식가치 제고로 자금 조달 등 유리	• 자본금은 그대로 유지됨. • 과다 잉여금 감소수단 • 주식가치 감소로 가업승계 원활
단점	채권자보호절차 등 준수	주식관리 어려움.
세무리스크	• 적정 주식가치평가 • 주식시가와 취득가액 차이에 대한 세무조정 • 주주에 대한 의제배당 여부 검토	좌동

제 7 장

가족법인과 상속·증여

01

가족법인의 상속·증여와 세무상 쟁점

가족법인은 영리를 목적으로 세워진 법인을 말한다. 통상 주식회사가 있다. 이런 법인은 개인이나 법인과의 거래를 통해 다양한 세금관계가 형성되는데, 상속세와 증여세도 포함되어 있다. 지금부터는 가족법인들이 직면하고 있는 상속세와 증여세에 대한 세무상 쟁점 등을 살펴보자.

1. 가족법인에 직접 상속·증여한 경우의 세무상 쟁점

개인의 재산이 상속이나 증여에 의해 가족법인에 이전되는 경우가 있다. 이 경우 세무상 쟁점을 살펴보면 다음과 같다.

1) 상속

개인의 재산이 법인에 상속되면 우선 법인은 해당 재산을 공짜로 얻게 되므로 이에 대해서는 법인세(9~24%)가 부과된다.

• 상속으로 받은 재산가액(자산수증익) × 9~24%

그런데 여기서 쟁점이 하나 생긴다. 법인이 상속받은 경우 법인세만 내면 납세의무가 종결되는지 여부다. 만일 그렇다면 개인이 상속받는 것보다는 법인이 상속을 받는 것이 유리할 것이다. 현행 상속세율은 10~50%이기 때문이다. 이에 현행 상증법(제3조의 2 제2항)에서는 상속받은 영리법인의 주주 중 상속인과 그 직계비속이 있는 경우는 그 상속인과 직계비속이 추가로 상속세를 납부하도록 하고 있다.[26)]

> 특별연고자 또는 수유자가 영리법인인 경우로서 그 영리법인의 주주 또는 출자자 중 상속인과 그 직계비속이 있는 경우에는 대통령령으로 정하는 바에 따라 계산한 지분상당액[27)]을 그 상속인 및 직계비속이 납부할 의무가 있다(2015. 12. 15 개정).

2) 증여

법인이 증여를 받으면 앞에서 본 것처럼 자산수증이익에 대해 9~24%의 법인세를 부담하면 된다. 그런데 법인에 대한 증여로 인해 최종 덕을 본 자는 다름 아닌 주주다. 그래서 상증법 제45조 5에서는 다음과 같은 규정을 둬서 무상으로 받은 금액 등에 주식보유비율을 곱한 금액을 증여로 보도록 하고 있다. 다만, 이 규정은 무조건 적용되는 것이 아니라, 개인주주별로 1억 원 이상의 증여금액이 발생해야 적용한다.

---

26) 영리법인의 주주에 상속인과 그 직계비속이 없는 경우(예 : 사위나 며느리 등)에는 법인세 납부로 끝나게 된다.

27) 상증법 제3조 제2항에서 다음과 같이 규정하고 있다.
{영리법인이 받았거나 받을 상속재산에 대한 상속세 상당액 − (영리법인이 받았거나 받을 상속재산 × 10 ÷ 100)} × 상속인과 그 직계비속의 주식 또는 출자지분의 비율

제45조의 5(특정법인과의 거래를 통한 이익의 증여 의제)

① 지배주주와 그 친족(지배주주 등)이 직접 또는 간접으로 보유하는 주식보유비율이 100분의 30 이상인 법인(특정법인)이 지배주주의 특수관계인과 다음 각 호에 따른 거래를 하는 경우에는 거래한 날을 증여일로 하여 그 특정법인의 이익에 특정법인의 지배주주 등의 주식보유비율을 곱하여 계산한 금액을 그 특정법인의 지배주주 등이 증여받은 것으로 본다.

1. 재산 또는 용역을 무상으로 제공받는 것
2. 재산 또는 용역을 통상적인 거래 관행에 비추어 볼 때 현저히 낮은 대가로 양도·제공받는 것

3) 적용 사례

사례를 들어 앞의 내용을 확인해보자.

자료

- A가족법인 : 부 30%, 모 20%, 자녀 30%, 며느리 10%

Q 부가 사망해서 부의 재산을 A가족법인에 상속한 경우 과세방식은?

A가족법인은 우선 법인세를 부담하게 된다. 그런데 A가족법인의 주주 중 며느리를 제외하고 상속인에 해당하므로 이들은 추가로 상속세를 납부해야 한다. 이때 상속세 납부액은 '(원래 내야 할 상속세 - 법인세 상당액)×지분율이 된다.

Q 부가 A가족법인에 현금을 증여한 경우의 과세방식은?

일단 법인이 법인세를 부담하며, 해당 금액이 1억 원이 넘는 주주에

게 증여세가 추가로 부과되다.

2. 가족법인의 주주가 보유한 주식을 자녀 등에게 상속·증여한 경우의 세무상 쟁점

가족법인의 주주가 보유한 주식을 배우자나 자녀 등 개인에게 상속 또는 증여한 경우에는 다음과 같은 쟁점이 발생한다.

1) 주식의 상속

이에 대해서는 상속세가 발생한다. 다만, 가업상속공제의 요건을 충족한 경우에는 최대 600억 원까지 공제를 받을 수 있다.

2) 주식의 증여

이에 대해서는 증여세가 발생한다. 다만, 가업의 승계 요건을 충족한 경우에는 증여세 과세특례(10억 원 공제, 10~20% 적용)를 받을 수 있다.

Tip 대표이사 가지급금 및 가수금과 상속세 과세 여부

1. 가지급금

- 가지급금은 이를 법인에 갚아야 하는 CEO의 입장에서는 채무가 된다. 따라서 상속재산가액에서 이를 차감할 성질의 것이 된다.
- 회사장부상의 가지급금 등이라도 이를 상속개시일 이후 상속인이 승계하는 실질적인 채무여야 채무로써 공제받을 수 있다.
- 이때 채무로서 공제되는 가지급금은 피상속인이 사용처 불명일 때 상속추정 대상에 해당한다. 따라서 상속개시 전 1~2년 동안의 자금거래에 대해 주의해야 한다.

2. 가수금

- 가수금은 법인으로부터 이를 받아야 하는 CEO의 입장에서는 채권이 된다. 따라서 상속재산가액에 이를 포함하는 것이 원칙이다.
- 다만, 당해 채권의 전부 또는 일부가 상속개시일 현재 회수불가능한 것으로 인정되는 경우에는 그 가액은 상속재산가액에 산입하지 아니한다(서면4팀-1609, 2006. 6. 7).
- 가수금 채권을 포기한다는 각서가 있는 경우에도 이를 상속재산가액에 합산하는 것이 원칙이다.
- 장부상에 가수금 반제하는 경우 이에 대해서도 상속추정제도[28]가 적용될 수 있다. 여기서 가수금반제라는 것은 법인이 자금을 빌린 CEO에게 이를 상환하는 것을 말하는데, 이 돈이 사용처 불명에 해당하면 상속추정제도가 적용된다는 것이다.

28) 상속개시일 전 1~2년에 인출한 금액이 2억(5억) 원을 넘으면 이에 대한 사용처를 상속인에게 요구해 이를 소명하지 못하면 일정 금액을 상속재산가액에 합산시키는 제도를 말한다.

02

개인재산을 가족법인에 증여하는 경우의 세무상 쟁점

법인이 개인으로부터 부동산이나 현금 등을 증여받은 경우가 있다. 주로 법인을 통해 주주들에게 부를 이전하기 위한 시도에서 비롯된 경우가 많다. 그렇다면 세법은 이런 행위들에 대해 어떤 식으로 대응할까?

1. 증여를 받은 법인

법인세가 과세되는 것이 원칙이다. 다만, 이월결손금에 보전되는 경우에는 법인세를 면제받을 수 있다.

1) 자산수증익

법인이 부동산을 증여받으면 자산이 늘어나고 이익이 늘어난다.

(차변) 부동산 등 ××× (대변) 자산수증익 ×××

법인이 부동산 등을 증여받으면 재무상태상의 자산과 자본이 동시에 늘어나게 된다.

자산 ↑	부채
	자본 ↑
합계	합계

따라서 이런 자산수증익이 법인의 순자산을 증가시켰으므로 이에 대해서는 법인세가 부과되는 것이 원칙이다.

그런데 여기서 쟁점이 하나 발생한다. 이 증여로 받은 부동산의 가액을 어떻게 평가할 것인지의 여부다. 법인의 입장에서는 법인세를 최대한 낮추기 위해서는 기준시가로 증여를 받고 싶어 할 수도 있기 때문이다. 다음 사례를 통해 이 부분을 확인해보자.

자료

- 증여대상 : 아파트
- 시세 : 5억 원
- 기준시가 : 3억 원

Q 법인이 시가나 기준시가로 증여받으면 얼마의 법인세가 예상되는가? 단, 세율은 19%라고 가정한다.

- 시가로 증여받은 경우 → 9,500만 원
- 기준시가로 증여받은 경우 → 5,700만 원

Q 이 증여를 받은 부동산을 5억 원에 양도하는 경우의 예상되는 법인세는? 단, 세율은 19%라고 가정한다.

- 시가로 증여받은 경우 → 없음(차익 0원).
- 기준시가로 증여받은 경우 → 3,800만 원(차익 2억 원×19%)

Q 앞의 두 결과만 놓고 보면 법인은 어느 경우가 더 유리한가?

당장의 법인세를 줄이고 싶다면 기준시가로 증여를 받는 것이 유리하다. 다만, 기준시가로 증여를 받으면 향후 이익에 대해서는 법인세와 잔여 이익에 대한 배당소득세 등이 추가되므로 세 부담이 오히려 증가할 수 있다.

Q 세법은 어떤 식으로 규정하고 있는가?

재무상태표에 반영되는 자산은 시가를 원칙으로 한다. 따라서 '시가 → 감정가액 → 기준시가'순으로 가격을 결정해야 할 것으로 보인다. 법인세법 시행령 제89조를 참조하기 바란다.

2) 이월결손금 보전

법인에 이월된 결손금이 있는 상태에서 부동산 등을 증여하면, 이 증여자산에 대해서는 법인세를 부과하지 않는다.

2. 증여를 받은 법인의 주주

증여를 받은 법인이 흑자법인이든, 결손법인이든 주주가 이익을 보게 되므로 상증법 제45조의 5에 따라 이익을 본 주주에게 증여세가 부과될 수 있다.

제45조의 5(특정법인과의 거래를 통한 이익의 증여 의제)

① 지배주주와 그 친족이 직접 또는 간접으로 보유하는 주식보유비율이 100분의 30 이상인 법인(이하 "특정법인"이라 한다)이 지배주주의 특수관계인과 다음 각 호에 따른 거래를 하는 경우에는 거래한 날을 증여일로 하여 그 특정법인의 이익에 특정법인의 지배주주 등의 주식보유비율을 곱하여 계산한 금액을 그 특정법인의 지배주주 등이 증여받은 것으로 본다.

1. 재산 또는 용역을 무상으로 제공받는 것
2. 재산 또는 용역을 통상적인 거래 관행에 비추어 볼 때 현저히 낮은 대가로 양도·제공받는 것
3. 재산 또는 용역을 통상적인 거래 관행에 비추어 볼 때 현저히 높은 대가로 양도·제공하는 것

다만, 실제 증여로 과세되기 위해서는 구체적으로 증여이익을 계산할 수 있어야 한다. 관련 규정을 참조하기 바란다.

Tip 법인 간 일감 몰아주기 시 증여세 과세

가족들이 2개 이상의 법인을 세운 후 한 법인에 일감을 몰아준 경우에는 일감 몰아주기에 따른 증여세 과세문제를 검토해야 한다(상증법 제41조).

03

가족법인의 주식을 상속받은 경우의 세무상 쟁점과 대책

법인의 주주가 사망하면 일반적으로 그의 자녀 등에게 상속이 된다. 이 경우 과중한 세 부담으로 인해 기업경영이 위태로워질 수 있다. 이에 세법은 가업승계를 원활히 해주기 위해 가업상속공제 등 다양한 제도를 두고 있다. 이하에서는 가업승계를 앞두고 있는 기업들이 알아두면 좋을 세무상 쟁점과 이에 대한 해법을 알아보자.

1. 가족법인의 상속과 세무상 쟁점

가족법인의 상속과 관련된 세무상 쟁점을 정리하면 다음과 같다.

첫째, 주식평가에 주의해야 한다.

세법에서는 상장주식은 평가기준일 전후 2개월간의 종가평균으로, 비상장주식은 순자산가치와 순손익가치를 2 : 3 등의 비율로 가중평균을 하도록 하고 있다. 그리고 이렇게 계산된 주식가치에 대해 대주주들이 보유한 주식에 대해서는 20%의 할증평가를 하도록 하고 있다(단, 중소기업과 중견기업 중 일정한 법인은 할증평가를 면제한다).

둘째, 주식가치가 높은 경우에는 미리 대책을 세워야 한다.

이에는 다음과 같은 방법들이 있다.

- 주식을 사전에 증여한다. 이때 가업승계를 위한 주식의 사전증여 시 증여세 과세특례를 적용받을 수 있는지 검토한다.
- 주식을 사전에 양도한다. 이때 주식에 대한 양도소득세 등을 확인한다.
- 주식을 사전에 소각한다.

셋째, 상속이 임박하거나 발생한 경우에는 가업상속공제를 검토한다.

이 제도는 요건을 충족한 피상속인(주주)의 주식가액을 최대 600억 원까지 상속세 계산 시 공제해주는 것을 말한다. 다음 사례를 통해 확인해보자.

2. 적용 사례

사례를 통해 앞의 내용을 확인해보자.

> **자료** ●●●
>
> 인천시에 거주하고 있는 K씨는 26년 전에 본인이 창업한 법인의 주식을 100% 소유하고 있다. 그의 주식은 세법상 500억 원으로 평가된다. 이 외 다른 재산은 없다고 가정한다. 물음에 답해보자.

Q K씨가 사망한 경우 상속세는 얼마나 예상될까? 단, 상속공제는 10억 원을 적용한다.

상속세 과세표준은 상속재산가액에서 상속공제액을 차감해 계산한다. 상속세 산출세액은 상속세 과세표준에 10~50%의 세율을 곱해 계산한다.

- 상속세 과세표준 = 상속재산가액 - 상속공제액 = 500억 원 - 10억 원 = 490억 원
- 상속세 산출세액 = 490억 원×50% - 4억 6,000만 원(누진공제) = 240억 4,000만 원

Q 만일 가업상속공제를 적용한다면, 상속세는 얼마나 될까?

가업상속공제는 공제대상 상속재산가액의 100%를 공제하나 사업영위기간에 따라 다음과 같은 한도가 있다(2024년 기준).

- 10년 이상 : 300억 원
- 20년 이상 : 400억 원
- 30년 이상 : 600억 원

사례의 경우는 20년 이상 30년 미만에 해당하므로 공제한도는 400억 원이 된다. 따라서 상속세 산출세액은 다음과 같다.

- 상속세 과세표준 = 상속재산가액 - 상속공제액 = 500억 원 - (10억 원 + 400억 원) = 90억 원

• 상속세 산출세액 = 90억 원×50% - 4억 6,000만 원(누진공제) = 40억 4,000만 원

Q 가업상속공제를 받기 위한 조건은 무엇인가?

가업상속공제제도는 중소 및 중견기업의 주주가 사망한 경우 공제를 적용한다. 2024년 5월을 기준으로 이에 대해 알아보자.

구분		종전	개정
적용대상		• 중소기업 • 매출액 4,000억 원 미만인 중견기업	• 좌동 • 5,000억 원
공제한도		• 가업영위기간 10~20년 미만 : 200억 원 • 20~30년 미만 : 300억 원 • 30년 이상 : 500억 원	• 300억 원 • 400억 원 • 600억 원
피상속인 지분요건		• 최대주주 & 지분 50%(상장 30%) 이상 10년 보유	• 좌동 • 50%(상장 30%) 이상 → 40%(상장 20%) 이상
상속인 요건		• 상속개시일 현재 18세 이상 & 상속개시일 2년 전부터 가업에 직접 종사 • 요건을 갖춘 상속인이 신고기한까지 임원으로 취임 • 신고기한으로부터 2년 이내에 대표자로 취임(상속인의 배우자가 사전·사후요건 충족 시에도 가업상속공제 허용)	좌동
사후관리	사후관리 기간	7년	5년
	업종유지	중분류(표준산업분류) 내 변경 허용	대분류 내 변경 허용
	고용유지	• ❶ & ❷ 유지 ❶ (매년)정규직 근로자 수 80% 이상 또는 총급여액 80% 이상 ❷ (7년 통산)정규직 근로자 수 100% 이상 또는 총급여액 100% 이상	• 고용유지 요건 완화 ❶ 〈삭제〉 ❷ (5년 통산) 100% → 90%
	자산유지	가업용 자산의 20%(5년 이내 10%) 이상 처분 제한	20%(5년 이내 10%) → 40%

Q 가업상속공제를 받은 후 주의해야 할 점은?

공제를 받은 후 5년 이내에 정당한 사유 없이 다음과 같은 행위가 발생하면 공제받은 세액을 추징(이자 상당액 추가)한다.

> 1. 가업용 자산의 100분의 40 이상을 처분한 경우
> 2. 해당 상속인이 가업에 종사하지 아니하게 된 경우
> 3. 주식 등을 상속받은 상속인의 지분이 감소한 경우. 다만, 상속인이 상속받은 주식 등을 제73조에 따라 물납(物納)하여 지분이 감소한 경우는 제외하되, 이 경우에도 상속인은 제22조 제2항에 따른 최대주주나 최대출자자에 해당하여야 한다. (2022. 12. 31 신설)
> 4. 다음 각 목에 모두 해당하는 경우(2022. 12. 31 신설)
>   가. 상속개시일부터 5년간 대통령령으로 정하는 정규직 근로자 수의 전체 평균이 상속개시일이 속하는 소득세 과세기간 또는 법인세 사업연도의 직전 2개 소득세 과세기간 또는 법인세 사업연도의 정규직근로자 수의 평균의 100분의 90에 미달하는 경우(2022. 12. 31 신설)
>   나. 상속개시일부터 5년간 대통령령으로 정하는 총급여액의 전체 평균이 상속개시일이 속하는 소득세 과세기간 또는 법인세 사업연도의 직전 2개 소득세 과세기간 또는 법인세 사업연도의 총급여액의 평균의 100분의 90에 미달하는 경우(2022. 12. 31 신설)

04

가족법인의 주식을 사전에 증여받는 경우의 세무상 쟁점과 대책

가족법인의 주식을 자녀 등에게 증여하는 경우도 상당히 많다. 미리 주식을 정리하기 위해서다. 이때 증여세 과세문제 등이 뒤따르게 되는데 세법은 가업승계를 원활히 해주기 위해, 주식의 사전증여 시 이에 대한 특례제도를 도입해 운영하고 있다. 이에 대해 알아보자.

1. 주식의 증여와 세무상 쟁점

가족법인의 주식을 증여할 때 발생하기 쉬운 세무상 쟁점을 정리해 보자.

1) 주식평가

주식 증여 시 증여세는 시가로 신고하는 것이 원칙이다. 따라서 주식 평가에 유의해야 한다.

2) 증여 후 양도 시 이월과세 적용

배우자나 자녀가 주식을 증여받은 후에 1년 내에 이를 양도하면 취득가액 이월과세가 적용된다(단, 2025년부터 적용될 예정임). 이에 대한 자세한 내용은 다음의 사례에서 살펴본다.

3) 가업의 승계에 대한 증여세 과세특례

가업승계의 일환으로 주식을 생전에 증여받은 경우 증여세 과세특례가 적용된다. 다만, 다음과 같은 요건을 충족해야 한다(2024년 기준).

구분	내용
대상	중소기업 및 매출액 5,000억 원 미만의 중견기업
특례	• 대상자산 : 가업기업의 주식 • 내용 : 증여재산가액 300~600억 원 한도로 10억 원 공제, 잔액에 대해 10%(과표 60억 원 초과 시 20%, 2024년 이후 120억 원 초과 시 20%) 증여세율 적용
사후관리(5년)	• 3년 이내 대표이사 취임, 5년 이상 가업 경영 • 업종변경 제한 : 표준산업분류상 중분류 내 변경 허용 • 지분유지 : 증여받은 지분 유지

2. 적용 사례

사례를 통해 앞의 내용을 확인해보자.

자료

- 주식발행가액 : 주당 5,000원
- 세법상 평가액 : 주당 200,000원
- 대주주 보유 주식 수(총 100만 주, 지분율 50%)
- 법인 현황
  - 비상장 중소기업
  - 32년째 운영 중
  - 이 대주주는 20년 이상 대표이사직을 수행함.
  - 현재 그의 자녀 중 1인이 10년 전부터 대표이사직을 수행하고 있음.

Q 위의 대주주가 보유하고 있는 주식평가액은 모두 얼마인가?

1주당 평가액이 20만 원이고, 이에 주식 수를 곱하면 200억 원이 된다.

Q 만일 이 주식을 자녀 1인에게 증여하면 증여세는 얼마나 나올까? 증여재산공제는 없다고 가정하고, 세율은 50%(누진공제 4억 6,000만 원)를 적용한다.

- 200억 원 × 50% - 4억 6,000만 원 = 95억 4,000만 원

Q 앞의 증여세를 부담하고 증여할 실익이 있는가?

없다. 과도한 세금 때문에 그렇다.

Q 현행 세법은 사전에 가업승계를 원활히 해주기 위해 증여세 과세특례제도를 두고 있는데 이는 어떤 제도인가?

이는 요건을 충족한 주식가액에 대해 저렴하게 증여세를 부과하는 제도를 말한다.

• 특례 적용 시 증여세 : (200억 원 - 10억 원) × 20% - 6억 원(누진공제)
= 32억 원(2024년 누진공제 12억 원 적용 시 : 26억 원)

Q 앞의 주식을 증여세 과세특례를 받은 후에 상속이 발생하면 가업상속공제를 적용받을 수 있는가?

그렇다. 해당 증여로 받은 주식은 상속재산가액에 합산되기 때문에 이런 공제제도를 두고 있다. 다음의 표에서 확인하기 바란다.

구분	가업상속공제	증여세 과세특례
근거법	상증법	조특법
공제 등 내용	상속 시 최대 600억 원까지 상속공제	사전 증여 시 600억 원 한도로 10~20%를 적용
둘의 관계	-	향후 상속이 발생한 경우 상속재산가액에 포함되며, 이 경우 가업상공제를 받을 수 있음.

Q 가업승계를 위해 주식을 사전에 증여할 실익이 있는가?

사전에 증여받은 주식은 증여자가 사망 시 기간과 관계없이 상속재산에 포함되어 상속세가 과세된다. 그리고 이때 600억 원까지 가업상속공제가 적용된다. 따라서 이 금액 내의 주식은 상속 때 공제가 적용되므로 사전에 증여할 실익이 거의 없다고 보인다.

05

가족법인 주식을 매매하는 경우의 세무상 쟁점과 대책

가족법인의 주주가 보유한 주식을 자녀 등에게 유상으로 양도할 수 있다. 이 경우 다양한 세무상 쟁점이 파생한다. 특수관계인 간의 거래 시 거래금액이 적정한지, 취득가액 이월과세 등이 적용되는지 등이 대표적인 예다. 이에 대해 알아보자.

1. 주식의 양도와 세무상 쟁점

1) 매매가액의 적정성

매매가액이 세법에서 평가한 가액과 차이가 난 경우 소득세법상 부당행위계산부인제도, 상증법상 증여세 과세문제가 발생한다. 실무에서 많이 나타나는 저가양도와 관련된 세무상 쟁점을 정리해보자.

구분	내용
양도자	시가보다 5%(또는 3억 원) 이상 저가로 양도한 경우 양도자에 대해서는 시가대로 양도소득세를 과세한다.
양수자	양수자가 얻은 이익에 대해서는 증여세를 과세한다. 단, 양수자가 얻은 이익은 기본적으로 시가의 30%(또는 3억 원)을 초과해야 증여세 문제가 나타난다.

2) 양도소득세와 증권거래세 과세

① 양도소득세

주식에 대한 양도세는 크게 상장주식과 비상장주식으로 나눠 살펴볼 수 있다. 상장기업의 소액주주는 2024년 이전까지는 비과세를 적용하며, 그 외는 모두 과세한다. 이때 주식에 대한 양도소득세율 체계는 다음과 같다.

구분			세율
대주주	중소기업	상장·비상장	• 과표 3억 원 이하 : 20% • 과표 3억 원 초과분 : 25%
	중소기업 외	상장·비상장	
		1년 미만 보유	30%
대주주 외	중소기업	상장 & 장외거래·비상장	10%
	중소기업 외	상장 & 장외거래·비상장	20%
국외 주식 등	중소기업 주식 등		10%
	그 밖의 주식 등		20%

여기에서 대주주는 지분율과 보유액을 가지고 다음과 같이 판정한다.

- (코스피) 지분율 1%, 보유액 50억 원(2024년 1월 1일 시행)
- (코스닥) 지분율 2%, 보유액 50억 원
- (코넥스) 지분율 4%, 보유액 50억 원
- (비상장) 지분율 4%, 보유액 10억 원

▶ 2023년부터 대주주를 판정할 때에 가족들 기타주주 합산을 폐지하되, 최대주주*의 경우에는 공정거래법령의 친족 범위 변경에 맞춰 합리적으로 조정되었다.** 이는 친족의 범위에 대한민국 인식 변화를 세법에 반영하고, 공정거래법령상 친족 범위와의 정합성을 확보하려는 취지가 있다.

* 본인, 친족 및 경영지배관계에 있는 법인 등 특수관계인 보유주식 합계가 최대인 자

** 혈족 범위 축소(6촌 →4촌), 인척 범위 축소(4촌 →3촌), 혼외 출생자의 생부·생모 추가

② 증권거래세

※ 증권거래세법

제8조(세율)

① 증권거래세의 세율은 1만분의 35로 한다. 다만, 2021년 1월 1일부터 2022년 12월 31일까지는 1만분의 43으로 한다.

② 제1항의 세율은 자본시장 육성을 위하여 긴급히 필요하다고 인정될 때에는 증권시장에서 거래되는 주권에 한정하여 종목별로 대통령령으로 정하는 바에 따라 낮추거나 영(零)으로 할 수 있다.

3) 이월과세의 적용

배우자 등으로부터 증여받은 주식을 '1년' 내에 양도하는 경우에는 취득가액 이월과세가 적용된다. 예를 들어 남편이 1억 원에 취득한 주식을 6억 원에 증여받은 후 이를 1년 내 7억 원에 양도하면, 다음과

같은 식으로 양도소득세 관계가 형성된다(주식 이월과세는 2025년부터 적용 예정).

구분	1년 내에 양도 시	1년 후에 양도 시
양도가액	7억 원	1억 원
-취득가액	1억 원	6억 원
=양도차익	6억 원	1억 원

2. 적용 사례

1. 경기도 성남시에 있는 K법인의 대표이사인 김수길 씨는 본인이 보유한 주식 중 1,000주를 자녀에게 양도를 통해 이전하려고 한다. 자료가 다음과 같을 때 물음에 답해보자.

자료

① K법인의 주식거래내역

날짜	금액(1주당)	거래 내역
20×8년 3월 1일	100,000원	
20×8년 5월 31일	200,000원	제삼자 간에 매매한 가액
20×8년 7월 1일	300,000원	제삼자 간에 매매한 가액

② 양도 예정일 : 20×8년 8월 1일

Q 세법상 주식거래가액은 어떻게 책정해야 할까?

특수관계인 간에 거래할 때에는 시가를 기준으로 5% 범위를 넘지 않게 거래하는 것이 좋다. 소득세법상 부당행위계산부인제도가 적용될 수 있기 때문이다. 참고로 저가로 양수한 쪽은 상증법상 증여세 과세문제가 발생할 수 있으나 이때에는 30% 기준을 사용한다.

Q 사례의 경우 주식의 시가는 얼마인가?

주식이 시장에서 거래되지 않으면 시가를 알기 힘들어서 세법은 양도일 전후 3개월 내의 매매사례가액(정상적인 거래에 한함) 등을 시가로 인정하고 있다. 사례의 경우 20×8년 5월과 7월의 매매가액이 세법상 매매사례가액에 해당한다. 그런데 세법은 이 중 거래일과 가까운 7월 1일 자의 매매사례가액을 최종 세법상의 평가액으로 한다. 따라서 사례의 주식평가액은 다음과 같다.

- 세법상 적정가격 = 1,000주 × 300,000원 = 3억 원

Q 만일 앞의 가액과 차이가 나게 양도하면 세무상 어떤 문제점이 있을까?

1. 세법상의 거래가액과 차이가 나게 양도를 하면 그 차이액에 대해서는 소득세법상 부당행위계산부인제도, 상증법상 증여과세제도가 적용될 수 있다. 전자는 5%(3억 원), 후자는 30%(3억 원) 기준을 사용한다.

2. K법인은 비상장법인에 해당한다. 이 법인의 대주주인 K씨는 그가 보유한 주식 1만 주를 성년인 자녀 3인에게 균등하게 양도 또는 증여를 하고자 한다. 어떤 것이 더 나을까?

- 상증법상 1주당 평가액 : 30,000원(총 3억 원)
- 1주당 취득가액 : 5,000원(총 5,000만 원)
- 양도소득세 계산 시 기본공제 등은 무시

위의 자료를 가지고 먼저 양도소득세와 증여세를 비교하면 다음과 같다.

구분	양도소득세	증여세
산출세액	5,000만 원(지방소득세 포함 시 5,500만 원)	1,500만 원
계산근거	(1억 원-5,000만 원×1/3)×20%×3인	(1억 원-5,000만 원)×10%×3인

앞의 결과를 보면 양도소득세는 총 5,000만 원(지방소득세 포함 시 5,500만 원)이나 증여세는 총 1,500만 원에 불과하다. 이렇게 증여세가 양도소득세보다 저렴한 이유는 양도가액에서 차감되는 취득가액 5,000만 원보다 증여재산공제 1억 5,000만 원(1인당 5,000만 원)이 더 많고, 세율도 증여세율(10%)이 양도소득세율(20%)보다 낮기 때문이다. 참고로 최근 중소회사 대주주의 주식에 대한 양도소득세율이 10%에서 20%[29]로 상향조정되었다. 대주주의 주식양도 시에는 이런 세율변화에 주의할 필요가 있다.

3. 남편이 보유한 회사의 주식을 부인에게 증여한 후 부인이 증여받은 날로부터 수개월 내에 해당 법인에 이를 양도하는 경우가 있다. 물음에 답해보자.

---

29) 과세표준 3억 원 초과 시 그 초과분에 대해서는 25%가 적용된다.

Q 남편이 부인에게 주식을 증여하는 경우 세무상 문제점은?

부부끼리는 10년간 6억 원까지는 증여세가 부과되지 않으므로 이 금액 이하로 주식가액이 평가되는 경우 증여세는 없다.

Q 부인이 6억 원에 증여받은 후 3개월 이내에 동일한 금액으로 법인에 주식을 양도하는 경우 양도소득세가 나오는가?

종전에는 양도소득세가 나오지 않았다. 부인이 증여받아 3개월 이내에 이를 양도한 경우 양도한 가액이 바로 취득가액(=증여가액)이 되도록 법이 되어 있기 때문이었다. 하지만 최근 법을 개정해 주식을 증여받은 날로부터 '1년' 내에 이를 양도하면 증여 당시의 취득가액이 아닌 증여자가 취득한 것을 소급 적용해 양도소득세를 과세하고 있음에 유의해야 한다.

심층분석 1 주식이동 시 주의해야 할 것들

주식이동이 된 경우 이를 변동한 내용은 법인세 신고할 때 주식등변동상황명세서상에 기재가 되어야 한다. 만일 이를 누락한 경우에는 미기재된 금액의 100분의 1 상당액을 가산세로 부과한다. 참고로 주식변동이 있는 경우 언제든지 국세청의 조사가 있을 수 있다.

주식등변동상황명세서

(앞쪽)

1. 제출법인 기본사항

① 법인명		② 사업자등록번호		③ 대표자 성명			
④ 상장 변경일		⑤ 합병·분할일		⑥ 사업연도	. . . ~ . . .		
⑦ 주권상장 여부	1 유가증권시장상장 2 코스닥 3 그 외(비상장 등)	⑧ 무액면주식발행 여부	1 여 2 부				

2. 자본금(출자금) 변동상황

⑨ 일자	⑩ 원인코드	증가(감소)한 주식의 내용: ⑪ 종류	⑫ 주식수(출자좌수)	⑬ 주당 액면가액	⑭ 주당발행(인수)가액	⑮ 증가(감소) 자본금	⑨ 일자	⑩ 원인코드	증가(감소)한 주식의 내용: ⑪ 종류	⑫ 주식수(출자좌수)	⑬ 주당 액면가액	⑭ 주당발행(인수)가액	⑮ 증가(감소) 자본금
⑯ 기초							. .						
. .													
. .							⑰ 기말						

3. 자본금(출자금) 세부 변동 내역

⑱ 일련번호	주주·출자자: ⑲ 구분	⑳ 성명(법인명)	㉑ 주민등록번호(사업자번호)	㉒ 거주지국	㉓ 거주지국코드	기초: ㉔ 주식수(출자좌수)	㉕ 지분율	변동상황(주식수·출자좌수) 증가 주식 수(출자좌수): ㉖ 양수	㉗ 유상증자	㉘ 무상증자	㉙ 상속	㉚ 증여	㉛ 전환사채 등 출자전환	㉜ 명의신탁 등 실명전환	㉝ 기타	감소 주식 수(출자좌수): ㉞ 양도	㉟ 상속	㊱ 증여	㊲ 감자	㊳ 명의신탁 등 실명전환	㊴ 기타	기말: ㊵ 주식수(출자좌수)	㊶ 지분율	㊷ 지배주주와의 관계코드
01	합계																							
02	제출의무면제주주소계																							
03																								
04																								

지배주주와의 관계코드 본인(00) 배우자(01) 자(02) 부모(03) 형제자매(04) 손(05) 조부모(06) 02~06의 배우자(07) 01~07이외의 친족(08) 기타(09) 특수관계법인(10)

4. 주식발행법인의 자기주식 보유현황 : 보유 여부 1 여 2 부

㊸ 자기주식 수(주)	㊹ 소각 목적 자기주식수	㊺ 소각 목적 외 자기주식수

법인세법 제60조·제119조, 같은 법 시행령 제97조·제161조에 따라 위와 같이 주식등변동상황명세서를 제출합니다.

년 월 일

대표자 : (서명 또는 인)

세무서장 귀하

297㎜×420㎜[백상지 80g/㎡ 또는 중질지 80g/㎡]

심층분석 2 비상장법인의 주식평가와 활용법

비상장법인의 주식을 보유하고 있는 상황에서 이를 제삼자에게 양도하거나 자녀 등 특수관계인에게 양도나 상속 또는 증여 등을 할 수 있다. 그런데 이런 과정에서 거래금액을 어떤 식으로 정하는지에 따라 다양한 세무상 쟁점이 발생할 수 있다. 이하에서는 주로 비상장주식의 평가와 관련된 세무상 쟁점 등을 알아보자.

1. 비상장주식평가와 세무상 쟁점

비상장주식의 평가와 관련된 세무리스크를 예방하기 위해서는 다음과 같은 내용을 이해해두는 것이 좋다.

1) 비상장주식에 대한 세법상 평가법의 이해

비상장주식이라면 시장에서 형성되는 시세는 없다. 따라서 이때는 세법에서 정한 증권거래법상의 평가방법을 준용해 순손익가치와 순자산가치를 3과 2의 비율(부동산 과다보유법인은 2 : 3)로 가중평균해서 주식가치를 산정해야 한다.

• 일반법인의 1주당 평가액 $= \dfrac{\text{1주당 순손익가치} \times 3 + \text{1주당 순자산가치} \times 2}{5}$

참고로 비상장회사의 자산 중 부동산 비중이 80%를 넘는 경우는 순자산가치로만 평가한다. 따라서 앞과 같이 가중평균할 필요가 없다. 앞의 내용들을 정리하면 다음과 같다.

구분	평가	비고
일반법인	(손익가치×3+자산가치×2)/5	가중평균함.
부동산 50% 이상 보유법인	(손익가치×2+자산가치×3)/5	가중평균함.
부동산 80% 이상 보유법인	순자산가치	가중평균하지 않음.

참고로 다음과 같은 사유가 발생하는 경우도 순자산가치로만 비상장주식을 평가한다.

※ **상증세법 집행기준(수정) 63-54-2 [비상장주식을 순자산가치로만 평가하는 경우]**

청산, 휴·폐업 등 다음의 경우와 같이 정상적인 영업활동이 이루어지지 않는 회사는 수익력 측정이 무의미하므로 순자산가치로만 평가하고, 영업권도 별도로 평가하지 아니한다.

① 상속·증여세 과세표준 신고기한 이내에 평가대상 법인의 청산절차가 진행 중이거나 사업자의 사망 등으로 인하여 사업의 계속이 곤란하다고 인정되는 법인

② 사업개시 전의 법인, 사업개시 후 3년 미만의 법인과 휴·폐업 중에 있는 법인

③ 평가기준일이 속하는 사업연도 전 3년 내의 사업연도부터 계속하여 결손금이 있는 법인

④ 부동산 및 부동산에 관한 권리의 평가액이 자산총액의 80% 이상인 법인

⑤ 부동산이 자산의 80% 이상인 법인

⑥ 설립 시부터 존속기한이 확정된 법인으로서 평가기준일 현재 잔여 존속기한이 3년 이내인 법인

2) 최근에 신설된 주식평가액의 하한제도에 유의

앞의 가중평균에 의해 계산된 주식평가액이 순자산가치의 80%에 미달한 경우는 순자산가치의 80%을 주식평가액으로 하는 제도가 최근 신설되었다. 이를 요약하면 다음과 같다.

- 비상장주식 평가액 = Max[현행 가중평균치, 순자산가치의 80%]

예를 들어 앞의 가중평균식에 의해 계산한 주식평가액이 1만 원이고, 순자산가치가 2만 원이라면 2만 원의 80%인 1만 6,000원이 주식평가액이 된다는 것이다. 이는 손익 등을 조작해 주가를 낮추는 것 등을 방지하기 위해 도입되었다.

3) 최대주주는 주식할증평가제도에 유의

비상장주식을 평가할 때는 최대주주 등이 보유한 주식에 대해서는 할증평가를 한다. 최대주주 등이 갖고 있는 주식에는 경영권프리미엄이 포함되어 있다고 보기 때문이다. 할증평가는 그 주식가액의 100분의 20을 가산한다. 다만, 다음은 할증평가를 하지 않는다(상증법 제63조).

- 중소기업(중소기업기본법 제2조에 따른 중소기업을 말함)
- 대통령령으로 정하는 중견기업(2023년 추가됨)
- 최근 3년간 결손인 법인

2. 적용 사례

사례를 통해 앞의 내용을 확인해보자.

자료

- 최근 3년간 주당 순손익가치 50,000원
- 평가일 기준 주당 순자산가치 20,000원
- 이 법인은 부동산 법인이 아님.

Q 이 법인의 주식평가액은 얼마인가?

일반법인의 주식가치를 다음과 같이 평가한다.

구분	평가	계산
일반법인	(손익가치 × 3 + 자산가치 × 2) / 5	(50,000원 × 3 + 20,000원 × 2) / 5 = 38,000원

Q 만일 앞 법인의 주식을 1만 주 가지고 있다면 총주식평가액은?

1만 주에 38,000원을 곱하면 3억 8,000만 원이 된다.

Q 위의 주식가치를 줄이려면 어떻게 해야 하는가?

주식평가의 두 요소인 순손익가치와 순자산가치를 동시에 줄여야 한다.

① 순손익가치를 줄이는 방법

순손익가치는 일반적으로 법인의 각 사업연도소득금액을 기준으로 하고 있다. 결국, 각 사업연도 소득금액을 낮추기 위해서는 결산서상 당기순이익을 축소하는 것이 지름길이 된다.

② 순자산가액을 줄이는 방법

순자산가액은 자산에서 부채를 차감한 금액을 말한다. 이때 자산은 상증법상의 평가액으로 한다. 따라서 부동산을 가지고 있는 경우는 이를 세법상 가격으로 평가를 해야 하므로 부동산 가격이 급등한 시점에서는 순자산가액이 크게 늘어날 가능성이 있다. 이런 상황이라면 불필요한 부동산 등을 매각하는 등의 노력이 선행되어야 한다. 한편 개발비는 자산에서 제외하므로 이는 가급적 자산이 아닌 비용으로 처리해 이익을 줄이는 것도 필요하다.

Q 최근 3개 연도 중 마지막 해에 결손이 크게 나왔다. 이 경우 주식가치는 어떻게 되는가?

앞의 순손익가치는 최근의 3개 연도를 기준으로 가중평균(최근의 순으로 3 : 2 : 1)해서 계산하는데 최근 연도에 가중치가 높다. 따라서 결손이 난 해에 주식평가를 하면 주식가치가 크게 줄어든다.

예를 들어 최근 연도에 이익이 난 경우와 손실이 발생한 경우로 나눠 결과를 보자.

구분	최근(M)	M-1	M-2	1주당 순손익가치
가중평균비율	3	2	1	-
① 최근에 이익이 많이 난 경우	30,000	20,000	10,000	(30,000×3+20,000×2 +10,000×1)/6=23,333
② 최근에 손실이 난 경우	△30,000	20,000	10,000	(-30,000×3+20,000×2 +10,000×1)/6=-6,666원[30]

30) 최근 3년간의 순손익액을 가중평균한 결과 순손익액이 "0"원 이하인 경우는 0원으로 평가한다(상증령 제56조1항). 따라서 이 경우 1주당 평가액은 0원인 순손익가치와 순자산가치를 각각 3과 2의 비율로 가중평균해서 계산한다.

Q 세 부담 최소화의 관점에서 주식은 언제 이동하는 것이 좋을까?

앞에서 살펴봤지만 최근 실적이 안 좋으면 주식가치가 줄어들기 때문에 이 시점을 활용하는 것도 나쁘지 않다.

다음의 경우 최근 3년간의 실적합계액은 같으나 가중평균 내용이 달라짐으로써 1주당 순손익가치가 달라지고 있다.

구분	최근(M)	M-1	M-2	1주당 순손익가치
가중평균비율	3	2	1	-
① 최근의 이익이 많은 경우	30,000	20,000	10,000	23,333
② 최근의 이익이 적은 경우	10,000	20,000	30,000	16,666

①의 경우 최근의 가장 좋은 실적에 가중평균비율 '3'을 적용하나, ②의 경우는 최근의 가장 나쁜 실적에 가중평균비율 '3'을 적용하므로 1주당 순손익가치가 다르게 나온다.

심층분석 3 법인청산 시의 세무상 쟁점

청산이란 법인의 자산을 현금성 자산으로 환가해서 부채를 상환하고 남은 자산을 주주들에게 분배하는 일련의 절차를 말한다. 그런데 이 과정에서 세금문제가 발생한다. 구체적으로 청산 시 발생하는 소득에 대한 법인세와 잔여재산을 분배받은 주주에 대한 배당소득세가 대표적이다. 이 외에도 가지급금이 있는 경우는 대표이사에 대한 상여처분의 문제가 있다. 따라서 법인을 청산할 때는 이런 문제점을 알아야 세무리스크를 예방할 수 있다. 다음에서 알아보자.

1. 법인청산 관련 세무관리법

법인청산 시 세무리스크는 다양하다. 특히 가지급금과 잉여금이 많으면 더 그렇다. 법인청산과 관련된 세무관리법을 알아보자.

첫째, 순자산을 점검하자.

법인을 청산할 때 순자산(자산-부채)이 많으면 당연히 청산소득이 크게 나와 청산법인세가 많이 나온다. 따라서 이에 대한 세금을 줄이기 위해서는 사전에 청산소득 규모를 파악하고, 순자산을 줄이는 방법을 수립할 필요가 있다. 예를 들어 청산법인이 보유한 자산 등을 매각하는 방법이 있을 수 있다.

둘째, 가지급금의 규모를 파악해야 한다.

가지급금이 있는 상태에서 폐업이 발생하면 대표이사의 상여로 처분

될 가능성이 높다. 따라서 폐업 전에 미리 가지급금을 없애는 방법들을 찾는 것이 좋다. 이에는 퇴직금 지급 등이 있다.

셋째, 주주의 배당소득도 점검해야 한다.

해산등기일 현재 당초 취득한 주식가액을 초과해서 잔여재산을 분배받으면 그 초과액은 의제배당액이 되어 배당소득세가 과세된다. 의제배당은 잉여금 규모가 큰 경우에 더 크게 발생하므로 사전에 이런 문제를 점검해 대책을 강구할 필요가 있다.

2. 적용 사례

K법인은 사업부진으로 인해 법인을 청산하려고 한다. 다음 자료에 따라 물음에 답해보자.

자료

• 자산 : 10억 원, • 부채 : 3억 원
• 자본금 : 3억 원, • 잉여금 : 2억 원, • 이월결손금 : 3억 원

Q 청산소득에 대해 왜 별도로 과세하는가?

청산소득은 법인이 존속하는 동안의 미실현 소득이 청산시점에 실현되는 소득을 말한다. 자연인인 개인이 사망 시 상속세로 일신상의 모든 재산에 과세하는 것처럼, 법인이 청산될 때 법인의 최종 소득에 대해 법인세로 과세하고 있다.

Q 청산소득금액은 얼마인가?

법인세법 제79조에서는 내국법인이 해산한 경우 청산소득금액은 다음과 같이 계산하도록 하고 있다.

> • 청산소득금액 = ① 해산에 의한 잔여재산가액 - ② 해산등기일 현재의 자기자본 총액

앞 ①의 잔여재산가액은 해산등기일 현재의 자산총액에서 부채총액을 공제한 금액으로 한다. 여기서 '자산총액'은 해산등기일 현재 자산의 합계액으로 하되, 추심할 채권과 환가처분할 자산에 대해서는 추심 또는 환가처분한 날 현재의 금액(추심 또는 환가처분 전에 분배한 경우는 그 분배한 날 현재의 시가)에 의한다. 한편 ②의 자기자본 총액은 해산등기일 현재 납입자본금과 잉여금의 합계액으로 한다. 이때 해산등기일 현재 소멸되지 않고 남아 있는 이월결손금(발생시점 불문)은 자기자본 총액과 상계할 수 있으나, 잉여금을 한도로 해 상계가 가능하다.

이와 같은 내용을 토대로 사례의 청산소득금액을 계산하면 다음과 같다.

> • 청산소득금액 = (자산 - 부채) - (자본금 + 잉여금 - 이월결손금)
> = 7억 원 - (3억 원 + 2억 원-2억 원*) = 4억 원
>
> * 이월결손금은 잉여금을 한도로 공제된다.

Q 청산소득에 대한 법인세는 얼마인가?

앞에서 계산된 청산소득금액(=과세표준)에 9~24% 세율로 과세한다. 세율은 각 사업연도소득에 적용되는 것과 같다. 참고로 청산이 완료되

기 전에 발생한 일반적인 소득에 대해서는 각 사업연도소득에 대한 법인세를 별도로 신고 및 납부해야 한다.

Q 청산소득에 대한 법인세는 어떻게 신고·납부하는가?

각 사업연도의 법인세처럼 확정신고 및 납부가 있으나, '중간신고·납부'라는 제도가 별도로 있다. 확정신고는 잔여재산가액 확정일로부터 통상 3월 이내에 하며, 중간신고는 잔여재산가액이 확정되기 전에 그 일부를 주주 등에게 분배한 경우와 해산등기일로부터 1년이 되는 날까지 잔여재산가액이 확정되지 않은 경우에 그 사유가 발생한 날로부터 1월 이내에 신고 및 납부하도록 하는 제도를 말한다. 일종의 세원관리를 위해 이런 제도가 마련되어 있다.

Q 잔여재산을 주주에게 배당하면 주주는 어떤 세금을 내는가?

해산등기일 현재 잔여재산을 해당 주주에게 분배하면 각 주주들은 주식 취득가액을 초과해서 분배받은 금액을 배당받은 것(의제배당)으로 보아 배당소득세를 과세한다. 따라서 이런 배당소득을 받은 주주들은 당연히 배당소득세를 부담해야 하며, 이를 지급하는 해산법인은 잔여재산을 각 주주들에게 분배할 때 의제배당소득을 계산해 해당 소득세를 원천징수 및 납부해야 한다.

Q 만일 자산 중에 가지급금이 포함되어 있다면 세무상 문제점은 무엇인가?

대표이사 등에게 업무무관 가지급금을 대여한 상태에서 폐업이 발생하면 해당 가지급금 및 미수이자는 대표이사에 대한 상여로 처분이 된다. 법인세법 시행령 제11조 제9호 등에서 특수관계가 소멸되는 날까지 회수하지 않은 가지급금 등은 익금에 산입하고 상여처분을 하도록 하고 있기 때문이다. 참고로 해산법인이 주주에 대한 가지급금을 회수하지 않고 동 가지급금을 해당 주주에게 분배할 재산가액과 상계하고 청산을 종결하는 경우 동 가지급금은 잔여재산의 분배금으로 봐서 청산소득금액을 계산한다(법인세 집행기준 79-121-5).

Tip 청산절차 등

주주총회에서 법인해산 결의 후 해산등기를 하고 청산종결등기를 하면 법인격은 완전히 소멸된다. 그런데 해산등기 후 청산종결등기를 하지 않으면 법원이 직권 청산을 할 수 있다. 이렇게 되면 법인세와 배당소득세 등이 나올 수 있기 때문이다. 참고로 관할 세무서에 폐업신고를 하더라도 청산절차를 진행하지 않으면 상법상 법인이 존속한다. 따라서 언제든지 재개업을 다시 할 수 있다. 한편 사업실적이 없는 상태에서 법인세 신고 등을 하지 않은 기간이 길어지면 직권 폐업처리가 될 수 있다.

신방수 세무사의
가족법인 이렇게 운영하라

제1판 1쇄 2023년 3월 25일
제1판 5쇄 2024년 5월 23일

지은이 신방수
펴낸이 허연 **펴낸곳** 매경출판㈜
기획제작 ㈜두드림미디어
책임편집 이향선, 배성분 **디자인** 노경녀 nkn3383@naver.com
마케팅 김성현, 한동우, 구민지

매경출판㈜
등록 2003년 4월 24일(No. 2-3759)
주소 (04557) 서울특별시 중구 충무로 2(필동 1가) 매일경제 별관 2층 매경출판㈜
홈페이지 www.mkbook.co.kr
전화 02)333-3577
이메일 dodreamedia@naver.com(원고 투고 및 출판 관련 문의)
인쇄·제본 ㈜M-print 031)8071-0961
ISBN 979-11-6484-542-2 (03320)

책 내용에 관한 궁금증은 표지 앞날개에 있는 저자의 이메일이나
저자의 각종 SNS 연락처로 문의해주시길 바랍니다.

부동산 전문 세무사, 회계사가 알려주는
똑똑한 절세 방법
부동산 법인이 답이다!
실전 운영 필수 사례 편
매일경제신문사

절세패남 이상욱 세무사의
절세의 모든 기술 부동산 법인에 있다!
투자 왕초보도 직접 결정하고 설립할 수 있는
부동산 법인 A to Z
매일경제신문사

투자 초보자도 쉽게 따라 하는
부동산 대출의 기술
부동산 대출이 두려운 그대에게
매일경제신문사

오르는 땅은 이미 정해져 있다
토지 투자의 초특급 핵심 비밀
100곳의 땅을 사면 100곳이 오른다
매일경제신문사

토지 개발로 400% 수익 올리는 비법
이것이 진짜 토지 개발이다
매일경제신문사

초보부터 고수까지
위기의 부동산 중개 탈출법
생각하는 공인중개사가 생존한다!
누구나 쉽게 부동산 중개의 달인이 되는 법
매일경제신문사

이제 재건축·재개발 세금이 한결 쉬워진다!
신방수 세무사의 재건축 재개발 세무 가이드북
실전 편
실무자들이 놓치기 쉬운 재건축·재개발
세무상 쟁점을 모두 다루었다!
매일경제신문사

부린이 탈출을 위한
부동산 투자입문서
대한민국 부동산 초보자가 꼭 알아야 할
돈 버는 투자의 정석
매일경제신문사

신神의 재테크
GPL 아파트 담보대출로
매일매일 돈 벌어주는 남자
매일경제신문사

현명한 부동산 투자의 시작
숨어 있는 토지 개발로 10억 만들기
개발해서 돈 되는 땅은 따로 있다!
매일경제신문사

부자의 첫걸음
내 집 마련
어제는 무주택자, 오늘은 상위 1%, 내일은 슈퍼리치
매일경제신문사

부자 경매의 시작
알기 쉬운 특수 경매
볼 줄 알고 읽을 줄만 알면
누구나 경매 투자할 수 있다!
매일경제신문사

신방수 세무사의
확 바뀐 부동산 매매사업자 세무 가이드북
실전 편
매일경제신문사

집을 싸게 사려면 내재가치를 마스터하라!
내 집을 싸게 사는 최고의 방법
내 집의 가치는 얼마나 될까?
적은 투자금으로 부동산 수익률을 최대화하라!
매일경제신문사

서울시 공정경제과 황박사가 알려주는
NEW 상가임대차 분쟁 솔루션
100가지 상가임대차 분쟁을 해결하는 맞춤 솔루션!
매일경제신문사

멈출 수 없는
UNSTOPPABLE
공간개발의 미래과제와
부동산 투자의 새로운 시각
매일경제신문사

신방수 세무사의
주택임대사업자 등록말소주택 절세 가이드북
쏟아지는 등록말소주택 임대사업자의 세금이 위험하다!
이제 전문가들도 놓치고 있는
등록말소주택에 대한 세금이 진짜 쉬워진다!
매일경제신문사

부동산 성공 투자의 시작
알기 쉬운 경매 실무
발품 팔면 성공이 보인다
매일경제신문사

RESTART
부동산 투자
아무도 말해주지 않는 불변의 성공비법
그대로 따라 하면 벼락부자가 되는
48가지 핵심 기술
매일경제신문사

백만장자 라이프
극한직업
건물주
매일경제신문사

꼬마빌딩 건축
월급 30실, 매일 월세 40만 원씩 받는 실화 대공개
매일경제신문사

신방수 세무사의
확 바뀐
상가
빌딩
절세 가이드북
신방수 지음
상가·빌딩 세금 모르면 전재 손해본다!
매일경제신문사

우대빵과 함께하는
성공 부동산
중개사무소
창업
투명하게! 공정하게! 부동산 중개 시장을 바꾼다
매일경제신문사

수익형과 자익형 두 마리 토끼를 잡는
지식산업센터
투자의
정석
매일경제신문사

닥치고 현장!
소액자본으로
부동산
부자되기
남양주, 광주, 창원, 제주, 거제, 목포 6개 지역
부동산 완전 분석!
매일경제신문사

신방수 세무사의
부동산 증여에
관한 모든 것
일반증여부터 부담부증여까지
나에게 꼭 맞는 절세 전략을 찾을 수 있다!
매일경제신문사

부자 경매의 시작
알기 쉬운
기초 경매
볼 줄 알고
읽을 줄만 알면
경매는 한다
매일경제신문사

신방수 세무사의
2022
확 바뀐
부동산 세금
완전 분석
매일경제신문사

라첼과 함께 공부하는
셀프 경매
바이블
셀프 등기부터 셀프 소송·셀프 세금 신고까지
법무사·변호사·세무사 등 전문가 도움 없이
셀프 경매 부대 지식을 습득하기 위한 이론적 지침서
매일경제신문사

실전 사례로 풀어보는
상가 셀프
경매의 정석
상가 경매로 노후 대책 마련하기
상가 경매를 통해 안정적
파이프라인을 만드는 비법 공개
매일경제신문사

부린이를 위한 특급 투자 비법
닥치고 현장!
부동산에
미치다
부동산 투자의 답은 현장에 있다!
매일경제신문사

돈이 없어도 투자가 가능한 빌라 투자의 NEW 패러다임
쉽게 따라 하고
빠르게 도전하는
빌라
투자
방정식
매일경제신문사

DEVELOPER
부동산 투자의 제4물결
디벨로퍼
경매
매일경제신문사

부동산 슈퍼리치만 아는
투자 비밀
SUPER RICH
매일경제신문사

월세
보증금으로
부동산 산다
반값 생활 경매 솔루션
사례 편
부동산 시장이 급변해도
불변하는 부동산 경매의 장점!
매일경제신문사

신방수 세무사의
1인
부동산
법인
하려면 제대로
운영하라!
매일경제신문사

대박나는 부동산 중개
핵심
공인중개사
실무 교육
매일경제신문사

실전 사례로 알려주는
부동산
경매·공매
특수물건
투자 비법
매일경제신문사

빚쟁이에서 상가 투자로 건물주 되기
거지였던 나는
상가 투자로
32억
건물주가 되었다

공매 투자,
지금이 기회다
매일경제신문사

직장인도 따라 할 수 있는
별장펜션 창업
부동산 투자, 제대로 하려면 땅부터 하라
한 권으로 끝내는 토지 투자 성공공식
임장의 여왕이 알려주는 부동산 투자 전략
부동산 투자, 무작정 따라 하면 답이 보인다
현재에 머무르면 미래는 없다!
'발칙한 발상'이 부동산 성공 투자를 부른다
토지, 상가의 성공 투자법
가로주택정비사업 A부터 Z까지
미니 재개발·재건축의 모든 것
당신의 경제 탈출구가 되어줄
이기는 부동산 경매의 비밀
절대 손해 보지 않는 시크릿 투자법 공개
종부세
핵폭탄 대비하는 완벽 솔루션
지금이 아니면 늦는다!
신방수 세무사의
이제 부동산 세금을 알아야
주택 보유 & 처분 할 수 있는 시대다
투자 전, 꼭 알아야 하는
상가임대차법
Real Estate Auction
부동산 경매, 초보에서 탈출하라
우대빵의 내 집 마련 콘서트
초규제 시대, 부동산 투자의 정석
2020년 이후 서울 아파트 시장을 전망한다
돈이 되는 부동산 vs 돌이 되는 부동산
부동산 투자자들이 꼭 알아야 하는 특급 비밀
신방수 세무사의
양도소득세 완전 분석
사례로 풀어보는 지분경매
지분경매 해결 TWO 가능 = 소송+협상
부동산 경매의 새로운 틈새시장, 지분경매의 해결 프로세스 제시
자금출처조사 무사했다가는 큰일난다!
신방수 세무사의 부동산 거래 전에 자금출처부터 준비하라!
부동산 관리도 경영의 시대
종합관리 실무 전문가와 부동산 학과 교수가 함께 쓴
부동산 관리와 종합서비스
부동산 이제는 관리의 시대!
신방수 세무사의
상속분쟁 예방과 상속 증여 절세 비법
김 과장도 돈 버는
셰어하우스
SHARE HOUSE
내 생애 짜릿한
대박 상가 투자법
매일경제신문사

세금 모르면 주택임대사업 하지 마라!
신방수 세무사의
주택임대사업자
등록과
절세 비법

나는 장애를 딛고
부동산 경매로
성공했다
완벽한 준비란 세상에 없다
시기와 때를 기다리기보다 우선 시작하라!

불황에도 매출 10배 올리는
상위 1%
공인
중개사의
마케팅
비법

GTX 시대, 부동산 투자 비법은 따로 있다!
아파트는 살고
땅은 사라
토지 투자의 블루오션 진짜가 왔다!
도선국사의 "대한민국 1%만 아는
실전 토지 투자 종합 바이블 탄생!"

부동산 투자를 시작하기 전에 꼭 읽어봐야 할 실전 기술
부동산
상식을
돈으로
바꾸는 방법

해외 부동산 투자,
나는 말레이시아로
간다
MALAYSIA
투자자에게 알려주고 싶은 부동산 블루오션

당신도 건물주가 될 수 있다!
원룸
마스터
원룸으로
공무원의 삶을 누리자!

부동산 투자자,
계약자가 꼭 알아야 하는
부동산
실무 法
용어사전
1,000
부동산 거래의 핵심 단어 1,000개!

부자가 되기 위한 새로운 패러다임
부자로 환승하라
머니트레인
부동산 투자, 이제는 지하철이 핵심이다!

부동산 투자
인사이트
고수가 알려주는 집값이 움직이는 원리

그는 어떻게
부동산
1인 창업으로
10억을
벌었을까?
부동산 투자의 숨겨진 진실!

돈 버는
주택임대
관리기법
주택임대관리업은
복합적인 관리업무와 경영활동이다!

10%대 수익률을 위한
최고의 부동산 재테크
P2P
투자의
정석
저금리 시대, 높은 수익률을 보장하는 최고의 재테크!

부동산으로 이룬
자유의
꿈
잘 키운 아파트,
직장 퇴사 안 무섭다!

아파트 경매,
지역 분석이 먼저다!

매매 사례를
중심으로 살펴보는
대박 친
빌딩 투자의
비밀
상가빌딩의 최우선 조건은
첫째도 입지, 둘째도 입지, 셋째도 입지다!

부자가 되기 위한 부동산 요리법
정준환의
부동산
레시피
요리를 하는 것처럼
부동산에 익숙해져라!

초보를 위한 취업과 창업 완벽 가이드
잘나가는
공인중개사의
비밀노트
한 권으로 정리한 단기 속성 실무전략

新
명품 토지
중개 실무
다양한 사례와 함께 살펴보는 실무 노하우

실패 없는 부동산 패러다임
돈 길 따라가는
부동산 투자
정보력과 실전 경험이 바탕이 된,
앞을 내다보는 부동산 투자 기법을 전수한다

부동산 계약·중개·등기 전에 꼭 알아야 하는
부동산 세무 가이드북
Real estate Tax Guide Book
실전편
2019 개정세법 반영 전면개정판

개념부터 쉽게 배우는 부동산 필수 상식
돈 되는 부동산은 따로 있다
300채 팔아본 베테랑 저자가 전하는 부동산 투자 비법

지식산업센터 투자 실전 편
부동산 투자, 아파트형 공장이 틈새다

2달 만에 월세 200만 원 받는
월세 부자 레시피
이제 당신도 부자가 될 수 있다!

직장인들도 쉽게 따라할 수 있는
新 부동산 공매 가이드북
실전편

양도·증여·상속의 모든 것
기막힌 부동산 절세의 비밀
생활 속의 세금 상식을 담은 절세 필독서

경공매·NPL 투자자와 자산가도 꼭 알아야 하는
부동산 매매·임대사업자 세무 가이드북
Real estate Business Tax Guide Book
실전편

나는 부동산 투자로 파산자에서 100억 부자가 되었다

경쟁하기 싫은 경매 투자자들의 신세계
지분경매, 공유지분, 독점경매
남들과 경쟁하기 싫고, 혼자 전부 독식하고 싶다!

입찰에서 취득까지, 배당에서 명도까지 부동산 경매의 모든 것
이것이 진짜 성공 경매다
가치 투자로 승부하라! 실패를 최소화하는 성공 투자 비법

부동산 전문 아나운서의 재테크 실천법
결혼은 선택이지만 부동산 투자는 필수다

수익형 부동산 건축과 재테크 투자 비법
헌집 살래 새집 살래
건축을 알면 알짜 부동산이 한눈에 보인다!

부자 되는 주택 임대사업
이제 대세는 수익형 부동산이다
평생 돈 걱정 없이 사는 월세 부자 되기

돈 버는 공인중개사는 따로 있다

전세가를 알면 부동산 투자가 보인다
시장 심리를 파악하면, 투자 흐름이 보인다!

서울시 공정경제과 주무관이 알려주는
부동산 거래와 판례

스타들의 부동산 재테크
스타들의 사생활보다 더 궁금한 그들만의 부동산 투자
스타가 좋아하는 부동산은 따로 있다?

지분 경매로 토지 개발업자 되기

부동산 재테크 역세권이 답이다

세무사 3인이 알려주는
세무조사 대비의 모든 것

주택 연출가 무조건 따라하기
커피 한 잔 값으로 초대형 오피스 주인 되기
리츠 얼리어답터
신의 한 수 금맥 경매
토지 경매로 금맥을 캐다!
주택 아파트 세무 가이드북 실전편
권리분석 완전정복으로 10년 안에 10억 벌기
대한민국을 움직이는 땅 투자 법칙 100
新 돈의 보감
평범한 샐러리맨, 투잡 경매로 5년에 10억 벌다
경매로 재테크하고 NPL로 두 번째 월급 받다
나는 갭 투자로 300채 집주인이 되었다
아파트 300채 부자 박정수가 공개하는 화제의 투자법 대공개!
토지 세무 가이드북 실전편
Land Tax Guide Book
"토지매매에 있어 세금전략은 선택이 아니라 필수다!"
부동산 경·공매, 분양, 입찰, 매매를 통한
新 상가 투자 보물 찾기
상가 세무 가이드북 실전편
shopping center Tax Guide Book
"상가관리에 있어 세금전략은 선택이 아니라 필수다!"
응답하라!! 위기의 부동산
나는 토지 경매로 금맥을 캔다
NPL과 경매, 토지보상이 하나로
토지보상경매 실전활용
세무조사 실무 가이드북 실전편
Tax investigation Practical affairs Guide Book
야생화의 기초 경매
국토도시계획을 알아야 부동산 투자가 보인다
GLOBAL REAL ESTATE
해외 부동산 투자&개발 바이블
만화로 풀어 쓴 경매 관련 판례 해설서!
부동산 경매 대법원 판례집
부동산 경매 전문 변호사가 큰 맘 먹고 알려주는
유치권 깨트리는 法 지키는 法
부동산 경매의 성공을 향한 마지막 관문 - '유치권' 제대로 아는 것이 힘이다!

《100배의 축복》 저자 야생화의 세 번째 이야기
울보멘토
야생화의
경매이야기

경매, 공매, NPL을 한권에 해결하는
Perfect
퍼펙트
경매
'단 한권으로 총 정리' 끝~

부실채권의 기본부터 수익률 분석까지
NPL
투자분석과
계약실무
실전편
Non Performing Loan
실무 사례를 통한 실전투자분석서!

NPL
랭킹업
Ranking Up
투자비법
'NPL매각 실무' 전격 공개!

전업투자자와 공인중개사를 위한
손품 팔아
부동산
보물찾기
블로그 마케팅편
"누구나 쉽게 배우는 부동산 블로그 마케팅의
핵심 노하우를 담은 책!"

지지 않는
권리분석VS
이기는
명도

기관투자자만 아는
부동산 투자 운영
매뉴얼

경매
땡땡땡!
학교종이
어서
모여라!

부동산경매와 관련된 사례중심의
부동산
등기
완전정복